Arena-Taschenbuch
Band 51034

Weitere Titel von Sabine Seyffert im Taschenbuch:
Heute Regen, morgen Sonne
Meine Insel der Stille
Meine bunte Welt der Fantasie

Sabine Seyffert,
geboren 1970, ist staatlich anerkannte Erzieherin, Entspannungspädagogin,
psychologische Beraterin sowie Autorin zahlreicher Publikationen.
Sie lebt mit ihrer Familie in Wuppertal und ist seit vielen Jahren freiberuflich
in eigener Praxis tätig. Außer Entspannungskursen für Kinder, Jugendliche
und Erwachsene führt sie regelmäßig Fortbildungsseminare für Pädagoginnen
und Pädagogen im Bereich der Entspannungsarbeit mit Kindern durch sowie
Infoabende und Veranstaltungen zu ihren Buchpublikationen.
Seit 1999 bietet Sabine Seyffert sehr erfolgreich auch eine berufsbegleitende
Ausbildung zum Entspannungspädagogen für Kinder an.

MIX
Papier aus verantwor-
tungsvollen Quellen
FSC® C110508
FSC
www.fsc.org

1. Auflage als Arena-Taschenbuch 2017
© Arena Verlag GmbH, Würzburg 2002
Alle Rechte vorbehalten
Umschlag- und Innenillustrationen: Friederike Spengler
Umschlagtypografie: KCS GmbH · Verlagsservice &
Medienproduktion, Stelle/Hamburg
Gesamtherstellung: Westermann Druck Zwickau GmbH
ISSN 0518-4002
ISBN 978-3-401-51034-7

www.arena-verlag.de

Sabine Seyffert

Traumreise
zu den Sternen

Entspannungsgeschichten
zur guten Nacht

Mit Illustrationen von
Friederike Spengler

Arena

Inhalt

Vorwort

Liebe Leserin und lieber Leser!

Gerade in unserem oft von Stress und Hektik geprägten Alltag finden Kinder immer schwerer zur Ruhe. Am Abend können sie nicht einschlafen, sind aufgewühlt und können auch nicht entspannt schlafen. Am nächsten Tag quälen sie sich müde aus dem Bett und sind unkonzentriert.
Die Geschichten in diesem Band helfen Kindern, am Abend abzuschalten und besser zu schlafen.
Ab Seite 92 finden Sie außerdem Tipps und Anregungen, wie Sie Ihrem Kind helfen können, am Abend zur Ruhe zu kommen.
Unser Leben fordert viel Kraft von den Kindern – und ohne ausreichend erholsamen Schlaf können sie diese Kraft nicht schöpfen.

Ich wünsche Ihnen und vor allen Dingen den Kindern viel Spaß auf der Reise mit dem Sandmann . . .

Mit entspannten Grüßen und den besten Wünschen für eine gute Nacht,

Ihre

Sabine Seyffert

Liebe Kinder ...

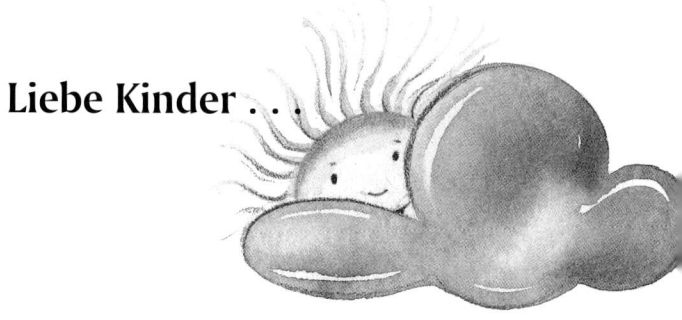

Hallo! In diesem Buch dreht sich alles um das Thema »Schlafen«. Möchtest du lernen *entspannt* einzuschlafen, ohne dich lange im Bett herumzuwälzen, nachts ständig aufzuwachen oder gar Angst zu haben? Wie du das schaffen kannst, möchte ich dir in diesem Buch erklären.

Denk bitte zuerst in Ruhe darüber nach, was du die Woche über alles tust und wie viele Termine für dich verpflichtend sind. Wenn es dir lieber ist, kannst du dir auch gerne ein Blatt Papier und einen Stift holen und einfach all das aufschreiben, was dir zu meiner Frage einfällt ...

Und, was ist dir alles eingefallen? Bestimmt gibt es eine ganze Menge Termine, die für dich jede Woche anfallen wie beispielsweise eine Spielgruppe, Sportverein, Musikschule oder Ähnliches.
Nun, du siehst, es gibt immer viel zu tun und zu erleben. Das ist sicherlich in gewissem Maß auch gut und wichtig. Wenn wir nie verabredet wären, immer nur zu Hause säßen und nichts zu tun hätten, wäre das auf die Dauer sicherlich nicht nur verdammt langweilig, sondern auch anstrengend.

Aber es ist ganz wichtig, dass du dir regelmäßig zwischen all deinen Terminen ausreichend Ruhepausen gönnst, Zeit zum Entspannen und für alles, wozu du Lust hast.
Du brauchst solche Phasen, um neue Kraft, Energie und Ideen zu schöp-

fen. Es macht doch schließlich viel mehr Spaß, mit viel Power und guter Laune Dinge zu erledigen, als sich ständig müde, lustlos und matt zu fühlen! Und ebendeshalb sind Pausen zum Entspannen und Luftholen immer ganz wichtig!

Aber es gibt viel zu oft Tage, da kommst du gar nicht so richtig zum Verschnaufen. Du flitzt abgehetzt von einem Termin zum nächsten. Eigentlich müsstest du am Abend richtig müde und kaputt sein, oder? Aber das ist leider oft nicht der Fall. Ganz im Gegenteil: Du bist von dem vielen »Hin und Her« so aufgedreht, dass du am Abend gar nicht richtig zur Ruhe kommst. Wenn du dich so fühlst, dann versuch es einfach mal mit den Entspannungsgeschichten, die du hier in diesem Buch findest!

Diese Geschichten sind keine gewöhnlichen Geschichten, wie du sie vielleicht aus Bilder- oder anderen Vorlesebüchern kennst. Die Geschichten in diesem Buch nennt man auch Phantasiereisen. Sie helfen dir gezielt dabei, abzuschalten und dem hektischen Alltag für eine Weile zu entfliehen. Dabei wirst du neue Kraft sammeln können und wirklich so entspannt sein, dass es dir leicht fallen wird, einzuschlafen.

Manchmal kann es sein, dass dir so viele Dinge im Kopf herumgehen, dass du dir erst einmal Zeit für diese Gedanken nehmen solltest, bevor du mit einer der Entspannungsgeschichten beginnst. Allerhand hilfreiche, bewährte Ideen dazu findest du in dem Kapitel *Wie komme ich zur Ruhe? Tipps, die das Einschlafen erleichtern* auf der Seite 13.

Doch bevor du mit den Entspannungsgeschichten loslegst und den Sandmann auf seine Sternenreise begleitest, möchte ich dir noch einige wichtige Dinge mit auf den Weg geben, wie man diese Geschichten am besten erlebt:

✴ Versuche – mithilfe deiner Eltern – den Abend wirklich entspannt zu gestalten. Nehmt euch Zeit für ein gemütliches gemeinsames Abendessen, sodass der Tag ruhig ausklingen kann.

✴ Wenn dir heute sehr viele Dinge durch den Kopf gehen, nimm doch das gemeinsame Abendessen als Anlass, darüber zu sprechen. Es wird dir bestimmt leichter fallen, einzuschlafen, wenn du alles, was dich belastet, besprochen hast.

✴ Setz dich auf gar keinen Fall unter Druck. Die Entspannungsgeschichten sollten dir den Druck, der auf dir lastet, nehmen und ihn auf keinen Fall verstärken! Also, wenn's nicht gleich klappt, nicht verzagen! Dein Körper muss mit solchen Geschichten erst einmal einige Erfahrungen machen. Lesen beispielsweise konntest du auch nicht vom ersten Schultag an! Lass dir einfach Zeit und genieß die Geschichten – auch dann, wenn du nicht gleich rundherum ruhig und entspannt bist!!!

✴ Mach es dir wirklich ganz gemütlich, bevor du mit einer der Entspannungsgeschichten beginnst, und nimm dir Zeit. Das dürfte am Abend ja nicht so schwer fallen wie tagsüber, wenn schon der nächste Termin oder eine Verabredung naht!

✴ Wenn du schließlich im Bett liegst, dann schließ deine Augen und horch noch einen Moment lang in dich hinein, ob du auch wirklich gut liegst.
Am besten legst du dich gerade auf den Rücken, die Arme neben dem Körper. Die Hände sollten geöffnet sein und die Innenflächen der Hände auf der Matratze liegen. Dies ist die Haltung, in der man sich optimal entspannen kann. (Wenn die Geschichte zu Ende ist, kannst du dich natürlich zum Schlafen anders hinlegen!)

⭐ Liegst du dann ganz richtig und fühlst dich rundherum wohl, beginnt deine Mutter oder dein Vater oder wer dir die Geschichte vorliest mit einer kleinen Einstimmung, die beispielsweise so aussehen könnte:
»Leg dich ganz bequem hin und schließ deine Augen . . . Spür einen Moment lang tief in dich hinein, ob dich auch wirklich nichts mehr stört . . . Wenn du ganz gemütlich liegst und dich wohl fühlst, dann hör nun der Geschichte zu . . .«
Wenn du dir die Entspannungsgeschichte selber in Gedanken vorstellst, dann denkst du dir diese Einleitung natürlich selbst!

⭐ Nach der kleinen Einstimmung beginnt ihr einfach mit einer Geschichte deiner Wahl. Solltest du noch keinerlei Erfahrungen mit Entspannungsgeschichten gemacht haben, ist es am besten, mit einer der kürzeren Geschichten zu beginnen. Wenn die Geschichte zu Ende ist, legst du dich so hin, wie du magst, und versuchst zu schlafen. Hin und wieder wirst du wahrscheinlich auch schon während der Geschichten einschlafen. Aber das ist gar nicht schlimm. Ganz im Gegenteil, die Geschichten sollen ja beim entspannten Einschlafen helfen!

Nun wünsche ich dir viel Vergnügen mit den Geschichten und vor allen Dingen schöne Träume!

Deine Sabine

Achtung – wichtiger Hinweis!

Wenn du auch einmal am Tag mit einer Entspannungsgeschichte auf Phanta-
siereise gehst, um beispielsweise vor deinen Hausaufgaben aufmerksamer
zu werden und neue Kraft zu schöpfen, so musst du die Geschichten *immer
und ohne Ausnahme (!)* durch das so genannte »Zurücknehmen« beenden.
Das heißt, du musst deinen Körper im Anschluss daran wieder richtig gut
wecken, denn einschlafen willst du ja tagsüber sicher nicht. Also machst
du Folgendes:

⭐ Atme mehrmals nacheinander kraft- und geräuschvoll ein und aus.

⭐ Balle deine Hände zu festen Fäusten.

⭐ Reck und streck dich ausgiebig oder räkle dich wie eine Katze, die einen Buckel macht und alle viere von sich streckt, wenn sie aus ihrem
»Kuschelnest« aufsteht.

Dass du die Entspannungsgeschichten tagsüber durch das Zurücknehmen beendest, ist ganz wichtig. Denn du möchtest im Anschluss ja wieder ganz fit und aufnahmefähig sein. Wenn du einfach nur so aufstehst
und nichts tust, kann es sein, dass du dich furchtbar müde und schlapp
fühlst. Stell dir deshalb einfach vor, jedes Körperteil muss geweckt werden. Und wenn dir die oben genannten Sachen wie tiefes Ein- und Ausatmen, Hände ballen und Strecken nicht ausreichen, mach einfach noch ein
paar Kniebeugen und öffne das Fenster, um frische Luft hereinzulassen!
Manchmal tut es auch sehr gut, das Gesicht und die Hände mit kühlem
Wasser zu waschen, das steigert die Aufmerksamkeit, die du vielleicht für
die Hausaufgaben gut gebrauchen kannst.

Wie komme ich zur Ruhe?

Tipps, die das Einschlafen erleichtern

Kennst du das Gefühl, müde im Bett zu liegen und trotzdem nicht einschlafen zu können? Du wälzt dich unruhig von einer Seite zur anderen
und zig Gedanken kreisen in deinem Kopf. Wenn dich die Gedanken so
sehr plagen, solltest du nicht sofort mit einer der Entspannungsgeschichten anfangen, sondern dir noch ein paar Minuten Zeit nehmen, um den
Kopf auch wirklich freizubekommen. Vielleicht probierst du eine der hier
im Kapitel aufgeführten Ideen einfach mal aus. Sicherlich ist auch etwas
Passendes für dich dabei. Viel Glück!

Mein geheimes Tagebuch

Schreibst du gerne? Dann überleg doch mal, ob du nicht Lust hättest, ein
Tagebuch zu führen. Ein Tagebuch ist immer geheim. Es geht nur dich alleine etwas an, was darin geschrieben steht. Also fass dir ein Herz und
schreib jeden Abend vor dem Schlafengehen hinein, was du am Tag erlebt
hast, was dich bedrückt oder dir Kopfzerbrechen bereitet. Dadurch gibst
du deinen Gedanken die Möglichkeit, anerkannt und ernst genommen zu
werden. Du nimmst dir ja Zeit und befasst dich ganz intensiv mit allem,
was dich beschäftigt.

Im Anschluss wird es dir sicherlich besser gehen. Du hast die Gedanken in der Regel geordneter und fühlst dich vom Kopf her leichter. Probier es einfach mal aus, ob es dir helfen wird!

Kummertante

Wenn du das Gefühl hast, den Kopf mit hundert Dingen voll zu haben – auch wenn es in deinen Augen nur »Kleinigkeiten« sind –, so ist es doch hilfreich, sich eine »Kummertante« zu besorgen. Sicherlich hat jemand von deiner Familie, Mama, Papa oder ein Geschwister, Zeit, dir am Abend einfach eine Zeit lang zuzuhören. Dann kannst du dein Herz ausschütten, oder wenn du kein konkretes Problem hast, auch einfach nur alles erzählen, was dir auf der Seele liegt.

Manchmal hilft es auch, wenn du einfach nur von deinem Tag berichtest. Mit wem hast du gespielt, was ist im Kindergarten oder in der Schule passiert, was hast du den Nachmittag über getan, und so weiter.

Wenn du keinen findest, der dir zuhört, bastle dir doch aus einem alten Karton einen Kummerkasten. Jedes Mal, wenn dich etwas ärgert oder traurig macht, schreibst du es auf einen Zettel. Den steckst du in den Kummerkasten, da geht er nicht verloren! Und wenn dann jemand für dich Zeit hat, geht ihr gemeinsam die Zettel der Reihe nach durch.

So gerät nichts in Vergessenheit. Und manchmal werden Dinge auch klarer und sind nicht mehr ganz so schlimm, wenn man eine Nacht drüber geschlafen hat.

Mein Tag war heute so . . .

Wenn Erwachsene sich am Abend nach der Arbeit treffen, unterhalten Sie sich oft darüber, wie ihr Tag gewesen ist. Das kannst du auch tun! So kannst du dich noch einmal mit allen Vorkommnissen, und sind sie noch so belanglos, befassen. Wenn du dann im Bett liegst, werden dir die Ereignisse vom Nachmittag nicht mehr durch den Kopf schwirren!

Wie wäre es also, wenn du vor dem Schlafen deinen Tagesablauf mit allen Kleinigkeiten noch einmal gründlich durchgehst. Das kannst du jemandem haarklein berichten, du kannst es auf ein Blatt oder ins Tagebuch schreiben oder du gehst es für dich in Gedanken noch einmal durch:

Beginne damit, wie du den Tag begonnen hast. Wie bist du geweckt worden? Durch einen Wecker? Was hast du dann gemacht? Warst du zuerst im Bad und hast dir die Zähne geputzt oder hast du dich erst angezogen? Vielleicht warst du ja auch ganz müde und bist noch einmal eingeschlafen?

Geh jede noch so winzige Kleinigkeit durch, bis du schließlich nach einigen Minuten dann wieder beim jetzigen Zeitpunkt angekommen bist.

Du wirst sehen, du fühlst dich im Anschluss aufmerksamer und freier.

Was passiert morgen?

Wenn du nicht sofort einschlafen kannst, nachdem du dich ins Bett gelegt hast, kann das unter anderem auch daran liegen, dass du zu sehr damit befasst bist, was dich morgen erwartet:

Beispielsweise musst du fest daran denken, dein Sportzeug morgen früh einzupacken. Dann schreibt ihr in Mathe auch noch einen Test und nach dem Mittagessen wolltest du Oma unbedingt noch ein Bild malen, weil sie krank ist.

Schreib dir vor dem Schlafengehen doch einfach einen Stundenplan für den morgigen Tag. Das gibt dir die Möglichkeit, noch einmal an alles zu denken und nichts zu vergessen. Und wenn es erst einmal aufgeschrieben ist, dann kann es ja auch nicht mehr vergessen werden!

Ebenso gut kannst du – beispielsweise am Wochenende – immer einen Zeitplan für die ganze Woche machen. Du kannst deine Verabredungen und Termine hineinschreiben oder auch die Dinge, die in der kommenden Woche wichtig sind und erledigt werden müssen.

Macht mir etwas Sorgen?

Gibt es vielleicht etwas, das dir großes Kopfzerbrechen bereitet oder ein Problem, das dich einfach nicht loslässt? Dann solltest du unbedingt jemandem davon erzählen. Denn wenn dich etwas sehr bedrückt, wird es dir schwer fallen, einzuschlafen und zur Ruhe zu kommen. Immer, wenn du ganz ruhig daliegst, sehen diese Probleme ihre Chance und beginnen dich zu plagen.

Bitte doch deine Eltern, oder wenn es dir lieber ist, auch dein Lieblingskuscheltier dir zuzuhören. Es macht die Sorgen leichter, wenn du sie mit jemandem teilst, ganz bestimmt!

Wer hütet meinen Schatz?!

Gedanken sind wichtig und gehören zu unserem Leben nun mal dazu. Wie komisch wäre das, wenn es uns immer gut ginge und wir nie über etwas nachdenken müssten!

Manchmal gibt es aber auch Dinge, die uns sehr belasten und uns Kopfzerbrechen bereiten. Man kann mit anderen über diese Sorgen und Gedanken sprechen oder sie erst einmal hüten wie einen Schatz, bis man schließlich bereit ist die Probleme anzugehen, darüber zu sprechen und etwas zu ändern.

Sicherlich kannst du einen kleinen Schuhkarton auftreiben. Male ihn bunt an oder beklebe ihn mit Muscheln, Stickern, Steinchen, Federn, Stoffresten oder Dingen, die dir gut gefallen.

Dies ist nun deine Schatzkiste, die ab sofort alle Sorgen, Probleme, Gedanken etc. gewissenhaft hüten wird. Darin gehen sie nicht verloren, und wenn du dazu bereit bist, holst du dir die jeweiligen Dinge samt Zettel einfach wieder vor.

In jedem Fall wird dir deine Schatzkiste beim Einschlafen helfen, wenn dich wieder mal Gedanken und Sorgen plagen und du sie nun einfach aufschreiben und in die Schatzkiste hineinlegen kannst! Vielleicht hast du ja sogar ein richtiges Schloss für deine Schatztruhe, das deine Geheimnisse sicher hüten wird!

Peng, Schluss, aus, die Tür ist zu!!!

Liegst du schon im Bett und hast das Licht aus? Die Gedanken flattern dir mal wieder wie hundert Schmetterlinge im Kopf herum und lassen dich nicht zur Ruhe kommen! Aber du hast trotzdem keine Lust, wieder aufzustehen und alles ins Tagebuch zu schreiben. Also schließ einfach deine Augen und stell dir ganz einfach mal alle diese Gedanken als Schmetterlinge vor, wie sie in deinem kleinen Kopf herumflattern und keine Ruhe finden.
Öffne in Gedanken eine große, schwere Tür und schick alle Schmetterlinge nach draußen. Sobald der letzte Schmetterling durch die Tür geflogen ist, wird die Türe – Peng – verschlossen und bleibt bis zum nächsten Morgen zu!

Am nächsten Tag kannst du von den fliegenden Schmetterlingen und der Tür ein schönes Bild malen und im Zimmer aufhängen. Vielleicht hilft dir das beim nächsten Mal, dir alles noch besser vorzustellen und die vielen Schmetterlinge noch schneller hinauszujagen!

Stress, Stress, Stress

Wenn du abends im Bett liegst und nicht einschlafen kannst, kann es auch daran liegen, dass du zu viel tust und dein Alltag mit vielen Terminen gespickt ist. Überleg doch mal, wie dein Alltag in der Regel aussieht? Hast du genug Zeit für dich? Zum Spielen, Basteln, Lesen, Bauen und Toben? Vor allen Dingen solltest du mal überlegen, ob du nicht möglicherweise mehr Ruhe und Zeit zum Abschalten brauchst! Gönne dir doch jeden Mittag, vielleicht nach dem Mittagessen, eine halbe Stunde nur für dich. In dieser »Pause« kannst du dich eine Weile still hinlegen, ruhige Musik hören, beispielsweise Entspannungsübungen wie etwa autogenes Training machen oder jemanden bitten dir eine der Geschichten aus diesem Buch vorzulesen. Die werden dir mit Sicherheit dabei helfen, abzuschalten, zur Ruhe zu kommen und in dieser Zeit neue Kraft zu finden!

Wenn du regelmäßig in deinen Tagesablauf solche Entspannungspausen einbaust, wird es dir am Abend wesentlich leichter fallen, problemlos ein- und auch durchzuschlafen, ohne dass dich ständig Gedanken quälen!

Traumreise zu den Sternen

Entspannungsgeschichten zum Einschlafen

Bist du noch wach?

Text und Melodie:
Dorothée Kreusch-Jakob

Bist du noch wach? Der Mond steht ü - berm Dach. Auf dei - nem Kopf, da blitzt ein Stern. Ich hab dich gern! Schlaf ein, klei - ner Kopf, schlaf ein! Du wirst vom lan - gen Wach - sein mü - de sein, schlaf ein, schlaf ein! Bist schön lo - cker, bist schön schwer, bist ganz warm, mein Kind. Drau - ßen, wo die Wol - ken zie - hen, singt der Wind.

Dorothée Kreusch-Jakob, Das Wolkenboot,
© 1996 Patmos Verlag GmbH & Co.KG, Düsseldorf

Im Reich des Wasserkönigs

Stell dir doch mal vor, du stehst an einem schönen Strand. Vor dir liegt ein großer See, dessen Wasser ganz klar und rein ist. Der Mond, der groß und rund am Abendhimmel steht, spiegelt sich auf der Wasseroberfläche. Das Mondlicht lässt das Wasser in einem wunderschönen Glanz erscheinen. Ganz ruhig und still ist es hier . . .

Auf einem großen, weißen Stein, der in deiner Nähe aus dem Wasser des Sees ragt, sitzt eine kleine, zarte Meerjungfrau. Sie winkt dir freundlich zu und bittet dich näher zu kommen . . .

Als du durch das angenehm warme Wasser watest, siehst du, wie das Licht des Mondes auf die kleine Meerjungfrau fällt. Ihr Haar glitzert silbern und es sieht so wunderschön aus, als wäre es aus den vielen feinen Strahlen des Mondlichts gemacht . . .

»Guten Abend!«, begrüßt dich die kleine Meerjungfrau. »Hast du Lust auf einen kleinen Abendspaziergang durch das Reich des Wasserkönigs?«
Du nickst der Meerjungfrau zu und gemeinsam macht ihr euch auf den Weg. Die kleine Meerjungfrau nimmt dich an ihre Hand und führt dich sicher durch das Reich des Wasserkönigs . . .

Du bist einfach überwältigt von den Dingen, die sich dir hier bieten. Mit deinen nackten Füßen läufst du durch den weißen, feinen Sand, der den

ganzen Boden bedeckt. Alles hier wirkt so hell und freundlich, da das Licht des Mondes bis auf den Grund des Sees scheint . . .

Rechts von dir wachsen zauberhafte Korallen, die in allen Farben des Regenbogens glitzern und glänzen. Ganz sanft und elegant bewegen sie sich im Wasser hin und her . . .

Ein Stück weiter lauft ihr an einem kleinen Felsen vorbei, der mit Moos bewachsen ist und von dem Wasser ganz glatt gespült wurde. In seinen Ecken und Nischen tummeln sich zauberhafte Fische, die wunderschön anzusehen sind. Jeder Fisch hat eine andere Form und Farbe. Es gibt kleine blaue Fische mit goldenen Punkten. Ein anderer Fisch ist fast durchsichtig, glitzert aber wie ein bunter Regenbogen, wenn das Licht des Mondes darauf fällt. Eine Weile bleibt ihr stehen und beobachtet das muntere Treiben der vielen Fische . . .

Als ihr weitergeht, siehst du in einiger Entfernung einige Seepferdchen, die um die Wette laufen. Obwohl die Seepferdchen dabei recht schnell vorankommen, sehen die Bewegungen elegant und schön aus. »Kommt her und macht mit!«, rufen euch die kleinen Seepferdchen zu und so seid ihr beim nächsten Rennen mit dabei.

Doch es ist gar nicht so leicht, mit den anderen Schritt zu halten. Erschöpft, aber rundherum glücklich erreichst du schließlich das Ziel . . .

Nachdem du dich eine Weile ausgeruht hast, führt dich die kleine Meerjungfrau auf einen Weg, der aussieht wie ein Tunnel. Rundherum wachsen schöne Wasseralgen und tanzen ihre Reigen. Gemeinsam geht ihr darunter hindurch und kommt an einen großen Thron, der aus Sand und vielen Muscheln gebaut wurde. Auf dem Thron sitzt der Wasserkönig, der dir schon freundlich zuzwinkert und euch bittet neben ihm Platz zu nehmen. Du dankst dem Wasserkönig für diese Einladung und freust dich sehr darüber, heute Abend sein Gast sein zu dürfen.

Zwei kleine Meerjungfrauen mit grünen Haaren kommen herbeigeschwommen und reichen euch einen Becher aus Kristall, der mit echtem Königswein gefüllt ist. Dieser Wein schmeckt einfach köstlich! Und während ihr dasitzt und den Wein trinkt, beginnt der Wasserkönig mit sanfter Stimme eine Geschichte zu erzählen . . .

Aufmerksam lauschst du den Worten des Königs. Dabei spürst du, wie ruhig und entspannt du bist . . . Es ist ein sehr schönes Gefühl, so entspannt dazusitzen und einfach nur zuhören zu dürfen . . . Du nimmst die angenehme Schwere und Müdigkeit wahr, die sich in deinem Körper breit gemacht hat . . . In der Nähe der kleinen Meerjungfrau und des Wasserkönigs fühlst du dich rundherum wohl und geborgen . . . Schließlich legt der Wasserkönig dir eine Decke über die Beine, die deinen Körper angenehm wärmt . . . Spür die wohltuende Wärme, wie sie durch deinen Körper hindurchströmt . . . Strömend warm fühlt sich dein Körper an . . . Ganz ruhig und entspannt bist du nun . . .

Schließlich bist du eingeschlafen und träumst den Traum vom Wasserkönig und seinem Reich . . . Schlaf schön . . .

Die Wiege des Mondes

Du liegst gemütlich in deinem warmen, weichen Bett. Viele Gedanken gehen dir durch den Kopf. Die ganze Zeit überlegst du, was morgen alles auf
dich zukommen wird. Und so liegst du da und findest einfach keinen
Schlaf . . .

Nach einer Weile stehst du auf und gehst zu dem Fenster in deinem Zimmer. Du stellst dich davor und betrachtest den wunderschönen Abendhimmel. Ganz dunkelblau schimmert der Himmel dir entgegen und du
erkennst die vielen kleinen Sterne, die dort oben funkeln und blinken . . .

In den Häusern, die du von deinem Fenster aus sehen kannst, brennt
schon kein Licht mehr. Auch auf den Straßen ist zu dieser Zeit keine Men-
schenseele unterwegs. Nur auf dem Dach des Nachbarhauses schleicht
auf leisen Pfoten eine Katze . . .

Wie wunderbar ruhig es nachts hier in der Stadt ist, geht es dir durch den Kopf.
Du öffnest das Fenster und atmest die frische Abendluft ein . . .

Die Abendluft tut dir gut. Und sie lässt dich ganz tief entspannen . . . Du spürst eine tiefe Ruhe in dir, die dir neue Kraft für den morgigen Tag schenkt . . .

Als du zum Mond schaust, der heute wie eine Sichel am Abendhimmel steht, erkennst du plötzlich, dass der Mond eine richtige kleine Wiege ist, die sich ganz sacht hin und her bewegt . . .

Ist das vielleicht schön, träumst du vor dich hin. Eine richtige Wiege, in der man prima kuscheln und sich vom Mond in den Schlaf wiegen lassen kann. Schade, dass sie so weit weg ist . . .

Doch da mit einem Mal kommt die Wiege des Mondes näher und näher. Es scheint so, als würde sie direkt auf dich zufliegen. Gespannt stehst du am offenen Fenster und beobachtest, was passiert . . .

Plötzlich schwebt der Mond direkt vor deinem Fenster. »Ist das nicht ein toller Abend?«, begrüßt dich der Mond. »Komm zu mir und mach es dir gemütlich! Das hast du dir doch eben gewünscht, nicht wahr?«
Während du dich darüber wunderst, dass der Mond nicht nur sprechen, sondern auch Gedanken lesen kann, kletterst du in die Wiege des Mondes hinein und machst es dir nach Herzenslust bequem . . .

Ganz tief kuschelst du dich in das weiche Kissen hinein, das in der Wiege für dich bereitliegt. Dann deckst du dich noch mit der warmen Decke zu und fühlst dich rundherum behaglich . . .

»Na, bist du startklar?«, fragt dich der Mond mit seiner freundlichen Stimme. »Ja, das bin ich!«, rufst du aus deiner Wiege und kuschelst dich noch tiefer in das Kissen hinein . . .
Ach, es ist einfach herrlich hier in der Wiege des Mondes. Du fühlst dich

vom guten alten Mond sicher bewacht und beschützt. Die Wiege ist so gemütlich, dass du gar nicht mehr aus ihr hinausmöchtest. Und so fliegt ihr langsam wieder in Richtung des Abendhimmels . . .

Das Haus, in dem du wohnst, wird immer kleiner und kleiner, bis du es gar nicht mehr richtig erkennen kannst. Hoch oben über der Stadt liegst du eingekuschelt in die Wiege des Mondes und beobachtest den Himmel. Wie viele Sterne heute leuchten . . .

Ein paar kleine Sterne kommen auf dich zu und fragen mit heller, klarer Stimme: »Dürfen wir dir ein bisschen Gesellschaft leisten?« Du nickst ihnen zu und schon kuscheln sich die kleinen Sterne zu dir in die Wiege. Ein Stern legt sich direkt neben dich auf das Kissen . . .

Ganz ruhig und entspannt liegst du nun in der Wiege des Mondes . . . Dein Körper ist angenehm schwer und wunderbar warm . . . Die kleinen Sterne, die mit dir in der Wiege liegen, hüllen dich in ein warmes Licht, das wie kleine Wellen durch deinen Körper gleitet . . . Strömend warm ist dein ganzer Körper . . .

Nun beginnt die Wiege des Mondes leicht und ganz sanft zu schaukeln . . . Ganz ruhig und gleichmäßig wiegt dich der Mond in seiner Wiege . . . Genauso ruhig und regelmäßig fließt auch dein Atem in dir . . . Das lässt dich noch tiefer entspannen . . .

Und während du dich vom Mond sanft und vorsichtig hin und her wiegen lässt, fallen dir die Augen zu . . . Schlaf gut und träum was Schönes . . .

Wenn es draußen dunkel wird

Schließ nun deine Augen . . . Dann stell dir vor, du liegst in deinem warmen, kuscheligen Bett . . . Draußen ist es schon ganz dunkel. Nur der gute alte Mond leuchtet hell am blauen Abendhimmel. Ein paar goldene Sterne leisten ihm Gesellschaft . . .

Durch das Schlüsselloch deiner Kinderzimmertür fällt ein Lichtstrahl, der genau vor dem Regal mit deinen Spielsachen auf den Boden strahlt . . . *Nanu,* denkst du. *Da war doch etwas!* Und tatsächlich, der dicke alte Teddy Brumm hopst von dem Regalbrett auf den weichen Teppich. »Kommt!«, ruft er den Spielsachen im Regal zu. »Die Luft ist rein!«
Und im Nu klettert auch die Puppe mit den langen Haaren aus dem Regal, der kleine Stoffaffe hüpft an die Kinderzimmerlampe, schaukelt eine Weile daran und hangelt sich von dort mit seinem Affenschwanz zu der Gardinenstange hinüber.
Die Holzeisenbahn fliegt wie von Zauberhand aus der Kiste hinaus und baut sich eine kurvenreiche Strecke durch dein Zimmer. Mit geräuschvollem Tschsch, Tschsch und einem lauten Pfeifen rast die Eisenbahn über die Schienen . . .
Ganz verwundert darüber setzt du dich auf und reibst deine Augen – so etwas gibt's doch gar nicht . . .

»Potzblitz!«, ruft Teddy Brumm mit seiner tiefen Bärenstimme. »Du bist ja wach!?«

»Na klar bin ich wach!«, antwortest du. »Was denkst du denn? Bei dem Lärm, den ihr beim Spielen macht, kann ja kein Mensch schlafen. Außerdem bin ich noch gar nicht richtig müde!«

Teddy Brumm lacht und schüttelt dabei sein dickes Bärenfell lustig hin und her.
»Spielt ihr etwa jeden Abend ohne mich, wenn ich schon schlafe?«, fragst du den Bären.
Brumm schaut verlegen nach unten und nickt.
»Na ja«, sagst du leise. »Heute spiel ich jedenfalls mit!« Und schon krabbelst du unter deiner Bettdecke hervor und setzt dich zu Teddy und Puppe auf den Fußboden.
Als Erstes spielt ihr zusammen Memory. Gemeinsam mischt ihr die Karten und verteilt sie. Die Puppe beginnt und deckt zwei Karten auf. Anschließend ist Brumm an der Reihe. Aber er kann sich einfach nichts merken. Deshalb versucht er unauffällig gleich unter mehreren Karten nachzusehen.
»Brumm, du alter Schummelkönig!«, ruft die Puppe empört. »Lass das! Schummeln ist nicht erlaubt!«
So spielt ihr reihum. Und als dann endlich alle Karten weg sind, legt ihr die Stapel mit euren Karten nebeneinander. Dein Stapel ist der höchste. Natürlich, denn beim Memory bist du einfach unschlagbar!
»Wie wär's, wenn wir eine Runde mit der Eisenbahn fahren?«, schlägt die Puppe vor, denn sie fährt so schrecklich gern in Urlaub.
»Gute Idee!«, brummt Teddy, der immer froh ist, wenn er nicht zu Fuß gehen muss. Und so bummelt ihr drei zum Bahnhof und wartet auf die Eisenbahn.
Schnaufend rollt der Zug einige Zeit später ein. Ihr sucht euch ein schönes Abteil im blauen Waggon und los geht die Fahrt. Ihr fahrt an einem See vorbei, auf dem zwei kleine Enten schwimmen. Anschließend geht es vorbei an einem kleinen Dorf . . . An Feldern, auf denen Kühe und ein paar Schafe grasen . . . Und zuletzt an einem Wald . . . An dem Bahnhof »Zur

Waldesruh« steigt ihr aus dem Zug. Der Bär macht sich gleich auf die Suche nach leckerem Honig. Und tatsächlich hat er Glück. Schmatzend leckt er sich den süßen Honig von den Bärentatzen. »Mhm, köstlich!«, sagt der Bär. »Möchtet ihr auch mal probieren?« Die Puppe schüttelt ihr langes Haar und ruft »Igitt«, denn sie kann Honig nicht ausstehen. Aber du probierst, denn echter Waldhonig schmeckt einfach am besten . . .

Schließlich bist du müde und kannst keinen Schritt mehr weitergehen. »Trägst du mich heim, Brumm?«, bittest du den Teddy. Und Brumm nickt. »Weil du es bist!«, sagt er und nimmt dich auf seine starken Bärenschultern. So marschiert ihr durch den Wald hindurch. Der gute, alte Mond leuchtet euch den Weg . . .

Du bist ganz ruhig und entspannt . . . Und während Brumm dich durch den Wald nach Hause trägt, spürst du eine wohlige Schwere in dir . . . Ganz schwer fühlt sich dein Körper an . . . Und das kuschelige Fell des Bären hält dich ganz warm und geborgen . . . Du kannst spüren, wie die Wärme durch deinen Körper hindurchströmt . . . Dein Körper ist warm, ganz warm . . . Und du genießt die große Ruhe, die sich in dir breit gemacht hat . . .

Und so wandert ihr weiter und immer weiter . . . Bis du schließlich wieder an deinem Bett angekommen bist . . .

Vorsichtig hebt Brumm dich von seinen Schultern und legt dich ins Bett. Die Puppe deckt dich zu und gibt dir einen Kuss auf deine Nase . . .

»Schlaf gut!«, rufen die beiden dir noch zu, aber das hörst du schon nicht mehr . . .

Mit dem Sandmann zu den Sternen

Schließ deine Augen und hör der Geschichte zu, die ich dir heute mitgebracht habe . . .

Stell dir mal vor, du liegst wunderbar eingekuschelt in deinem Bett. Auf einmal siehst du, wie ein kleines, freundlich aussehendes Männlein auf einem fliegenden Teppich neben dir auf deinem Bett landet . . .

»Einen wunderschönen, guten Abend wünsch ich dir!«, sagt das freundliche Männlein, das eine blau-weiß geringelte Zipfelmütze auf seinem Kopf trägt. An dem Zipfel der Mütze ist ein goldenes Glöckchen, das leise bimmelt, als wolle es die Nacht einläuten.
»Ich bin Herr Sandmann! Und ich habe mir gedacht, dass ich dich heute Abend mal zu einer Sternenreise einlade. Wie gefällt dir das?«, schlägt dir der Sandmann vor und lächelt dich an. Sein langer, weißer Bart leuchtet wie eine kleine, kuschelige Wolke im Sonnenlicht . . .
Mit dem Sandmann zu den Sternen? Warum eigentlich nicht? Schließlich trifft man den Sandmann nicht jeden Tag. Und zu den Sternen fliegt man normalerweise auch nicht . . .

Und so hüpfst du aus dem Bett heraus und machst es dir auf dem Teppich des Sandmanns bequem. Es ist ein wunderschöner Teppich. Eben ein richtiger Sandmannteppich: *aus dunkelblauer Seide gewebt mit vielen goldenen Sternen darauf, die die Nacht hell erleuchten und deren Licht sich wunderbar warm anfühlt . . .*

»Hier!«, sagt der Sandmann und zieht aus seinem kleinen Rucksack ein warmes Fell, auf das du dich legen kannst. »Es ist das Fell von einem richtigen Wolkenschaf!«, erzählt dir der Sandmann, während er dir aus seinem Rucksack auch noch eine kuschelige Decke zaubert . . .

Wunderbar warm und ganz gemütlich eingekuschelt in das Wolkenschaffell und die Decke, beginnt die Reise zu den Sternen . . .

Der Sandmann sitzt neben dir und fliegt seinen fliegenden Teppich durch die Lüfte. Immer höher und höher fliegt ihr zu den Sternen hinauf . . .
Ganz fasziniert betrachtest du den Abendhimmel, den du von so nah noch nie bewundern konntest!
Und dann endlich seid ihr in des Sandmanns Reich angekommen . . .

Ihr fliegt durch ein großes, goldenes Tor, das aussieht, als wäre es aus vielen tausend kleinen Sternen geschmiedet. . .

Und hinter dem Tor erklingt eine wunderschöne Melodie. Sie hört sich zart und lieblich an . . .
»Es ist dein Lied!«, sagt der Sandmann. »Die Sterne haben es für dich gemacht. Merk dir die Melodie gut. Sie kann dir immer dann helfen, wenn du mal nicht einschlafen kannst . . .«
Und so lauschst du den zauberhaften Klängen noch eine ganze Weile . . .

Schließlich kommt ihr an den Traumzauberwald. Dieser Wald wird von den Sternen besonders gut bewacht. Denn hier sind alle Träume der Welt zu Haus. Der Sandmann behütet sie und wandert jeden Abend stundenlang durch den Traumzauberwald hindurch, um für jeden großen und kleinen Menschen einen besonders schönen Traum auszusuchen.
»Wenn du magst, können wir eine Runde durch den Traumzauberwald

fliegen. Aber du musst ganz leise sein, damit die Träume in aller Ruhe weiterträumen und noch bunter werden können«, sagt der Sandmann und du nickst ihm zu.

So fliegt ihr durch den Traumzauberwald. So etwas Schönes hast du noch nie in deinem Leben gesehen. *Alleine die Farbenpracht, in der der Traumzauberwald schimmert, und das zarte Läuten der Abendglocken lassen dich ganz tief entspannen und alles um dich herum vergessen . . .*

Als ihr unter einem besonders bunten Baum hindurchfliegt, segelt eines der Blätter zu dir herunter.
»Verwahre es gut!«, bittet dich der Sandmann. »Es ist dein Traum für heute Nacht!«

Und dann macht ihr euch auf den Rückflug . . .

Ganz ruhig und entspannt liegst du auf dem Fell des Wolkenschafs . . . Ganz wohl und geborgen fühlst du dich . . . Und du spürst ein angenehmes Gefühl von Schwere tief in dir . . . Ganz schwer fühlt sich dein Körper an . . . Und das Fell hält dich warm . . . Dein ganzer Körper ist strömend warm . . . Spüre die Wärme und nimm sie tief in dich auf . . .

Und so bringt dich der Sandmann wohlbehalten nach Hause zurück. Verträumt kuschelst du dich in dein warmes Bett und hältst das Traumblatt noch in deinen Händen . . . Heute schläfst du ganz schnell ein, denn du bist schon neugierig, welchen Traum dir der Sandmann für heute Nacht ausgesucht hat . . .

Reise mit der Rakete

Warm eingekuschelt in dein Bett, liegst du da und schaust aus dem Kinderzimmerfenster in den Abendhimmel. Du beobachtest verträumt die Sterne und den Mond, der heute Nacht wieder einmal die rot-weiß geringelte Zipfelmütze trägt. An dem Zipfel dieser lustigen Mütze baumeln ein paar kleine, goldene Glöckchen. Jeden Abend, wenn sich die Sonne verabschiedet hat und der Mond am Himmel emporsteigt, läuten diese Glöckchen die Nacht ein . . .

Während du dem Mond zusiehst, wie er allen Sternen am Himmel eine gute Nacht wünscht, entdeckst du ein kleines, im Mondlicht glänzendes Raumschiff, das immer näher kommt . . .
Nanu, denkst du. *Ein Raumschiff zu so später Stunde?*
Und kaum hast du den Gedanken zu Ende gedacht, ist das Raumschiff auch schon neben deinem Bett gelandet. Eine Luke öffnet sich und macht den Weg ins Innere frei.
Neugierig kletterst du aus deinem Bett und schaust in das Raumschiff hinein. Von hier aus kann man leider nicht so viel sehen und deshalb steigst du kurzerhand ein . . .
»Herzlich willkommen an Bord!«, hörst du eine leise, sehr liebliche Stimme. »Ich, das Raumschiff, freue mich dich als meinen heutigen Gast begrüßen zu dürfen. Nimm Platz und mach es dir gemütlich. Vergiss nicht dich gut anzuschnallen! Guten Flug!«

Du setzt dich in den Stuhl und legst die Gurte um. Dann hebt sich das kleine Raumschiff mit dir in die Lüfte. Ganz leicht ruckelt es beim Start hin und her. Das kitzelt in deinem Bauch, sodass du lachen musst . . .

Dann fliegt ihr aus deinem Kinderzimmer hinaus, in die sternenklare Nacht hinaus . . . Du kannst aus einem großen Fenster alles genau beobachten . . .

Und als ihr am Mond und den vielen Sternen vorbeifliegt, winkt ihr euch fröhlich zu. Schließlich bekommt der Mond nicht jede Nacht so nette Gesellschaft. Deshalb schenkt er dir auch einen wunderschönen, ganz hell leuchtenden Mondstrahl, der dir auch weiterhin auf deinem Flug durch die Nacht den Weg leuchten soll . . .

Weiter geht's, durch die Milchstraße hindurch . . . An dem Himmelbett des Mondes vorbei . . . Du entdeckst die gute, alte Sonne, wie sie ganz eingekuschelt in ihr warmes Bett vor sich hin träumt und neue Kräfte für den morgigen Tag sammelt . . .

Plötzlich fällt der Mondstrahl, der euch den Weg erhellt, auf einen kleinen Planeten. Das Raumschiff setzt zur Landung an und öffnet sich, sodass du aussteigen und den Stern erkunden kannst, auf dem ihr gelandet seid . . .

Ein kleine, zierliche Gestalt kommt dir entgegen und begrüßt dich ganz herzlich: »Guten Abend, kleines Menschenkind! Ich bin die Sternenfee und heiße dich auf deinem Stern der Liebe recht liebevoll willkommen. Schön, dass du hier bist!«
Die Sternenfee umarmt dich und nimmt dich an ihre Hand. »Komm und schau dich in aller Ruhe um . . .«

Staunend wanderst du auf dem Stern der Liebe umher. Die Sternenfee begleitet dich und achtet darauf, dass du dich nicht verläufst. So fühlst du dich rundherum sicher und geborgen ... Bei deiner kleinen Nachtwanderung trefft ihr auch andere Feen und Menschenkinder, die euch zuwinken ...

Es ist wunderbar warm hier und alles leuchtet in schönen, hellen Farben. Du spürst ein großes Gefühl von Liebe und freust dich, dass du so willkommen bist. Das Schönste aber ist, dass es auf dem Stern der Liebe immer ganz fröhlich zugeht. Hier gibt es keinen Streit, keine Hast oder Eile. Alle, die hier leben, haben sich sehr gerne und freuen sich so viel Spaß an ihrem Leben zu haben ...

Du entdeckst einen kleinen Regenbogen, der in so tollen Farben leuchtet, und genau darunter ist ein kleiner See. Viele Kinder sind da, die auf dem kunterbunten Regenbogen herumtoben, hinaufklettern, auf ihm an der anderen Seite herunterrutschen oder von der obersten Spitze des Regenbogens mitten in den See der Liebe hineinspringen. Du bist begeistert und gesellst dich dazu. Nimm dir so viel Zeit, wie du magst, um mit den anderen auf dem Stern der Liebe nach Herzenslust zu toben und herumzualbern ...

An dieser Stelle sollten Sie eine Pause von mindestens einer Minute einplanen. Sollte das Kind in dieser Zeit eingeschlafen sein, belassen Sie es dabei. Ansonsten erzählen Sie die Geschichte nach der kreativen Pause noch zu Ende!

Schließlich bist du müde und erschöpft. Dennoch bist du so glücklich und zufrieden wie schon lange nicht mehr. Deine Sternenfee bringt dich wohlbehalten zu deinem Raumschiff zurück und wünscht dir einen guten Rückflug.

Als du dich angeschnallt hast und das kleine Raumschiff die Heimreise beginnt, spürst du, wie ruhig und entspannt du nun bist . . . Dein Körper ist ganz schwer, was durch die Schwerkraft beim Fliegen noch deutlicher spürbar wird . . . Fühle die Schwere in deinem Körper und genieße sie . . . Der Mondstrahl, der den Weg auch auf dem Heimflug leuchtet, schenkt dir angenehme Wärme . . .

Warm, wohlig warm bist du nun . . . Und du kannst spüren, wie die Wärme durch deinen ganzen Körper hindurchströmt und sich verteilt . . . Es ist ein wunderbares Gefühl, das dich sehr glücklich und rundherum zufrieden macht . . .

Und während das Raumschiff fliegt, schaukelt es dich sanft und ganz vorsichtig in den Schlaf . . . Du kommst dir vor, als würdest du in einer gemütlichen Wiege ruhig und gleichmäßig hin und her geschaukelt . . . Hin und her . . . Ganz ruhig und regelmäßig . . . Und du bist dabei vollkommen ruhig und entspannt . . .

Eine wunderschöne gute Nacht und viel Liebe und Geborgenheit . . .

Von der ängstlichen Eule

Es ist Vollmond und so steht der Mond groß und kugelrund am Abendhimmel. Weil du noch nicht so richtig müde bist, ziehst du dich warm an und machst einen kleinen Spaziergang durch die mondhelle Nacht . . .

Wie wunderbar ruhig es doch zu dieser Zeit ist, denkst du bei dir und genießt die Ruhe und Stille der Nacht . . .

Und während du durch die sternenklare Nacht wanderst, gesellt sich ein kleines, sehr freundliches Glühwürmchen zu dir. »Guten Abend!«, wünscht es dir. »Darf ich dir ein bisschen Gesellschaft leisten?« Du nickst und freust dich darüber, denn so ganz alleine macht ein Abendspaziergang auch keinen richtigen Spaß . . .

Plötzlich vernehmt ihr ein leises Schluchzen. »Hast du das Weinen auch gehört?«, fragst du das Glühwürmchen. »Ja, jetzt hör ich es auch. Komm, wir wollen doch mal sehen, ob wir beide nicht helfen können!«, schlägt das Glühwürmchen dir vor und du stimmst zu. So schlagt ihr die Richtung ein, aus der das Wimmern zu kommen scheint . . .

Und tatsächlich, auf einem Ast eines alten, knorrigen Baumes sitzt eine kleine Eule mit Tränen in den Augen.
»Herrje!«, sagt das kleine Glühwürmchen, das noch nie eine Eule hat weinen sehen. »Was machen wir denn jetzt?«

»Ich habe so schreckliche Angst im Dunkeln!«, schluchzt die kleine Eule und schon kullern ihr wieder ein paar Tränen über das Gesicht. »Meine Mama ist auf Jagd und jetzt bin ich ganz alleine! Wie soll ich denn da bloß in Ruhe schlafen können, buhuu . . .«, weint die kleine Eule.

»Aber schau doch mal, so dunkel ist es doch gar nicht! Der Mond steht groß und hell am Himmel«, versuchst du die kleine Eule zu beruhigen und streichst ihr dabei über ihr Gefieder.

»Außerdem leistet uns das Glühwürmchen Gesellschaft. Das leuchtet auch ganz toll«, sagst du und blinzelst dem Glühwürmchen zu, damit es schnell noch etwas heller leuchtet.

Die kleine Eule hat inzwischen aufgehört zu weinen. Aber ewig kannst du schließlich auch nicht hier bleiben.

»Pass mal gut auf!«, bittest du die kleine Eule. »Vielleicht kann dir das ja bei deiner Angst helfen. Schließe doch deine Augen und atme ein paar Mal ganz ruhig ein und aus. Dabei sagst du dir in Gedanken: *Ruhig und still – weil ich nun in Ruhe schlafen will . . . Ruhig und still – weil ich nun in Ruhe schlafen will . . .* Und dann wirst du ganz ruhig und entspannt einschlafen und brauchst keine Angst mehr zu haben.«

»*Ruhig und still – weil ich nun in Ruhe schlafen will?*«, fragt die kleine Eule verdutzt. »Und das soll helfen?«

»Na sicher!«, sagst du. »Probier es doch am besten mal aus! Also noch mal: Augen schließen – ganz ruhig und entspannt ein- und ausatmen – *ruhig und still – weil ich nun in Ruhe schlafen will!*«

Die kleine Eule hockt sich an den Baumstamm und schließt ihre Augen. Du hörst, wie sie ganz ruhig und regelmäßig ein- und ausatmet. *Ruhig und still – weil ich nun in Ruhe schlafen will . . . Ruhig und still – weil ich nun in Ruhe schlafen will . . .*

Die kleine Eule öffnet langsam ihre Augen wieder. »Es klappt!«, krächzt sie leise. »Wie wunderbar – wie wunderbar! Wie soll ich dir nur danken?«

»Das hab ich doch gern getan!«, sagst du und freust dich, dass dein Rat der kleinen Eule tatsächlich geholfen hat.

»Und weißt du, was«, bietet das Glühwürmchen an. »Wenn du magst, bleib ich noch eine Weile bei dir, bist du eingeschlafen bist! Du kommst doch sicher allein nach Haus, oder?«

»Na klar!«, sagst du. »Und, kleine Eule, vergiss nicht: *Ruhig und still – weil ich nun in Ruhe schlafen will . . .*«

Und so machst du dich auf den Weg nach Hause . . .

Als du dann im Bett liegst, bist du ganz ruhig und entspannt . . . Du spürst eine angenehme Schwere in dir . . . Ganz schwer liegst du in deinem Bett und fühlst dich rundherum wohl und geborgen . . . Deine kuschelige Decke hält dich ganz warm . . . Spüre, wie die Decke dich wärmt . . . Ganz deutlich kannst du die Wärme in dir spüren . . .

Ruhig und still – weil ich nun in Ruhe schlafen will . . . Ruhig und still – weil ich nun in Ruhe schlafen will . . . sagst du dir in Gedanken . . .

Und schon schläfst du tief und fest . . .

Schäfchen zählen

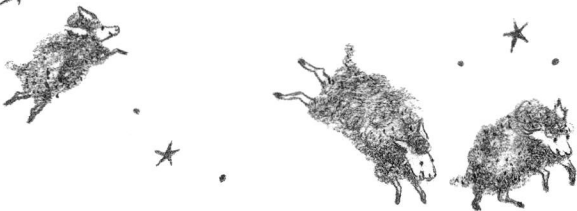

Stell dir mal vor, du liegst in deinem kuscheligen, warmen Bett. Wie so oft in der letzten Zeit kannst du einfach nicht einschlafen. Immer wieder gehen dir Gedanken durch den Kopf. Du wälzt dich im Bett unruhig hin und her . . .

Auf einmal fällt dir ein, was *Oma (kann natürlich durch einen anderen, beliebigen Namen ersetzt werden)* neulich gesagt hat. Wenn sie einmal nicht einschlafen kann, zählt sie einfach Schäfchen. Ob das wohl wirklich hilft, überlegst du. Aber wenn man es nicht selber ausprobiert, kann man auch nicht wissen, ob es hilfreich ist oder nicht!

Also machst du es dir in deinem Bett ganz bequem und fängst an zu zählen: »Ein Schäfchen . . . zwei Schäfchen . . . drei Schäfchen . . .«
Nanu, was ist denn das? Durch dein Kinderzimmerfenster kommt ein kleines, weißes Schaf gehüpft. Dahinter noch eins . . . Und schwupp – ist auch schon das dritte kleine Schaf in deinem Kinderzimmer gelandet!
»Mäh«, macht das kleine Schaf, das zuerst in deinem Zimmer gelandet ist. »Hier sind wir. Was können wir für dich tun?«
Das ist ja lustig, denkst du. *Erst zähl ich Schafe, damit ich besser einschlafen kann und nun stehen auch schon drei kleine Lämmer bei mir im Zimmer und fragen, was sie für mich tun können – toll!*
»Na, wo ihr drei nun schon einmal hier seid, vielleicht könnt ihr mir wirklich helfen. Ich kann in der letzten Zeit überhaupt nicht einschlafen, weil

so viele Gedanken in meinem Kopf umherschwirren. Meine *Oma* hat mir den Tipp gegeben, Schäfchen zu zählen. Das soll helfen. Und genau das habe ich getan«, erklärst du den drei kleinen Schäfchen, die dir aufmerksam zugehört haben.

»Schäfchen zählen hilft wirklich, wenn man nicht einschlafen kann!«, erklären dir die drei Schäfchen wie aus einem Munde. »Darum sind wir ja auch sofort zu dir gekommen!«

»Dann komm und setz dich auf meinen Rücken!«, blökt das Schaf, das zuerst in deinem Kinderzimmer gelandet ist.

Ohne lange zu überlegen, kletterst du auf den Rücken des Schafs und hältst dich gut fest.

Und schon geht es los. Die drei Schafe ziehen mit dir fast lautlos durch die sternenklare Nacht . . .

Bis ihr schließlich an eine schöne Wiese kommt. Und obwohl es eigentlich Nacht ist, ist die Wiese hell erleuchtet. Du schaust dich erstaunt um. Es ist eine der schönsten Wiesen, die du jemals gesehen hast. Viele andere Schafe sind hier und knabbern vergnügt an dem grünen Klee, der an manchen Stellen der Wiese wächst. Und sogar einige Kinder sind hier. Ein Mädchen sitzt mitten im grünen Gras und bindet einen Kranz aus den bunten, leuchtenden Blumen, die hier wachsen. Und zwei andere Kinder spielen Fangen. Ganz in deiner Nähe sind ein paar Kinder, die aus Steinen, Moos, kleinen Zweigen und Blättern eine tolle Landschaft bauen. Als du näher kommst, siehst du, dass die Landschaft für einige Marienkäfer und eine kleine Schnecke gedacht ist, die vergnügt darin umherkrabbeln und -kriechen.

Du schaust dich noch eine Weile auf der Wiese um . . .

. . . Bis du schließlich etwas gefunden hast, was dir großen Spaß macht. Es sind noch einige andere Kinder da, die mit dir gemeinsam spielen und toben. Ach, es macht einfach großen Spaß, mal so ausgelassen zu sein und herumzualbern . . .

Schließlich spürst du eine angenehme Müdigkeit in dir. Und eh du dich versiehst, stehen die drei Schafe wieder vor dir. »Hier sind wir wieder!«, blöken die drei leise und freundlich. »Wir werden dich nun nach Hause bringen!«

Und es geht zurück durch die klare Nacht. Der Mond leuchtet euch den Weg . . .
Da merkst du auch schon, wie dich die Schafe in dein Bett legen und dich mit der warmen Decke zudecken. »Schlaf gut, kleines Menschenkind!«, hörst du die drei noch leise sagen.

Dann spürst du nur noch, dass du ganz ruhig und entspannt daliegst . . . Ganz ruhig und entspannt bist du nun . . . Nichts, aber auch gar nichts mehr geht dir durch den Kopf . . . Du spürst eine angenehme Schwere in deinem Körper . . . Besonders schwer sind deine Arme und Beine . . . Ganz schwer und entspannt liegen sie in deinem Bett . . . Deine Decke umhüllt dich und wärmt deinen ganzen Körper . . . Ganz warm sind deine Arme und Beine . . . Und du kannst spüren, wie die wohltuende Wärme durch deinen ganzen Körper hindurchströmt . . . Du fühlst dich rundherum müde, schwer und wohlig warm . . .

Und dann bist du auch schon tief und fest eingeschlafen. Gute Nacht und schöne Träume . . .

Das Traumboot

Wenn du nun deine Augen schließt, stell dir doch einfach mal vor, du stehst an einem schönen See. Es ist eine warme Sommernacht und all die vielen Sterne spiegeln sich auf der Wasseroberfläche . . .

Ganz verträumt schaust du in den Himmel und entdeckst ganz erstaunt ein wunderschönes Boot am Himmel . . .
Ehe du dich noch mehr darüber wundern kannst, steht das Boot vor dir. Der Kapitän winkt dir freundlich zu und lädt dich zu einer kleinen Reise ein.
»Herzlich willkommen auf dem Traumboot!«, sagt der Kapitän lächelnd und schüttelt dir die Hand. »Lass dich einfach überraschen und mach es dir auf unserer Bootsfahrt gemütlich!«

Du dankst dem Kapitän, der auch schon auf dem Weg zu seinem goldenen Steuerrad ist. Dann schlenderst du auf dem Traumboot dahin. Es ist so wunderschön und das Licht des Mondes spiegelt sich auf der blanken Oberfläche des Bootes. Die weißen, prächtigen Segel des Traumbootes bewegen sich sacht im lauen Abendwind . . .

Auf dem Deck findest du eine gemütliche Bank, auf der viele bunte Kissen und eine kuschelige Decke liegen. Du zögerst nicht lang und machst es dir auf der Bank so richtig gemütlich. Aus den Kissen baust du dir ein Bett und kuschelst dich tief in den bunten Kissenberg hinein. Die Decke umhüllt deinen Körper und hält ihn wunderbar warm. Du fühlst dich rundherum wohl und ganz geborgen . . .

Das Traumboot zieht mit dir durch die Nacht und dir kommt es so vor, als würdet ihr auf dem Meer durch die Wellen schwimmen. Vorsichtig schaukeln die Wellen das Boot, sodass es dir ganz angenehm ist. Es kommt dir vor, als würdest du in einer Wiege liegen, in der du in den Schlaf geschaukelt wirst . . .
Dabei kannst du das leise Rauschen der Wellen hören . . .
Es klingt zauberhaft und vor allen Dingen sehr beruhigend . . .

Mit einem Mal entdeckst du eine weiße Möwe, die das Traumboot auf seiner traumhaften Reise begleitet. Schwerelos fliegt sie am Himmel entlang. Ihr weißes Federkleid leuchtet im Licht des Mondes silbern. Manchmal sieht es so aus, als würden kleine silberne Sterne aus den Federn zu dir herunterrieseln . . .

Angenehm müde fühlst du dich. Vollkommen ruhig und ganz entspannt liegst du da. Du spürst, wie schwer sich dein Körper jetzt anfühlt. Es ist eine angenehme, wohltuende Schwere . . . Besonders schwer sind deine Arme und Beine . . . Und die Decke hält dich immer noch vollkommen warm . . . Du merkst, wie die wohlige Wärme durch deinen Körper hindurchströmt . . . Strömende Wärme durchflutet deinen Körper und bringt ein großes Gefühl von Liebe und Geborgenheit mit sich . . . Und während das Traumboot immer noch sacht von den Wellen geschaukelt wird, spürst du, dass dein Atem ebenso ruhig und regelmäßig in dir ein- und ausströmt . . . Ganz ruhig und regelmäßig atmet es in dir . . . Lass den Atem einfach geschehen . . .

Und so fallen dir schließlich die Augen zu. Das Traumschiff reist mit dir ins Reich der Träume, wo schon ein ganz besonders bunter Traum auf dich wartet! Gute Reise . . .

Von den Sorgenwolken

Schließ nun deine Augen und stell dir vor, es ist Abend. Du liegst in deinem Bett und hast das Licht schon längst gelöscht. Trotzdem quälen dich deine Gedanken und lassen dich einfach nicht zur Ruhe kommen. Dabei bist du sehr müde und würdest nichts lieber tun, als auf der Stelle einzuschlafen . . .

Plötzlich kommt – völlig lautlos – eine wunderschöne weiße Wolke angeflogen. Die Wolke sieht aus wie ein kleiner, weicher Wattebausch. Schön gemütlich, findest du.

»Guten Abend!«, begrüßt dich die Wolke mit klarer, sehr freundlicher Stimme. »Ich habe dich im Bett liegen sehen und dachte, dass du vielleicht meine Hilfe gebrauchen kannst . . .«

»Ach,« sagst du traurig. »Wie willst du mir denn helfen. Ich schaffe es ja selbst nicht, mir zu helfen und einzuschlafen!«

»Ja weißt du,« fährt die Wolke freundlich und leise fort. »Ich bin eine Sorgenwolke und bin für Kinder da, die nicht einschlafen können, weil lauter Gedanken in ihren Köpfen umherschwirren.«

»Aha«, sagst du erstaunt. »Und wie hilfst du den Kindern dann?«

»Pass auf. Als Erstes bitte ich die Kinder immer einen Moment die Augen zu schließen und in sich hineinzuhören, welche Gedanken zurzeit in ihrem Kopf umherschwirren. Und danach dürfen die Kinder all ihre Sorgen, Ängste, Probleme und Gedanken auf Wolken wie mich setzen. Wir Sorgenwolken passen dann gut auf sie auf, während die Kinder in der Nacht

schlafen. Willst du es auch mal probieren?«, bietet dir die Sorgenwolke an.

»Warum nicht?«, sagst du laut und schließt deine Augen. Und eh du lange warten musst, kommt schon der erste Gedanke durch deinen Kopf gesaust. »Okay,« sagst du zu der Sorgenwolke. »Ich hab was erwischt, das ich gern loswerden möchte, um besser schlafen zu können.«

Die Wolke kommt ganz nah zu dir geflogen. Du nimmst den Gedanken und bettest ihn behutsam auf die weiche Wolke. Und da schwebt die Wolke auch schon langsam und gemächlich aus deinem Zimmer hinaus in die Nacht hinein . . .

Schließlich ist die Wolke im Dunkel der Nacht verschwunden. Und da bemerkst du plötzlich, dass noch eine kleine Sorgenwolke in deinem Zimmer umherschwebt.

»Hallo!«, sagt auch diese Wolke. »Möchtest du vielleicht noch eine Sorge loswerden?«

Du nickst und die kleine Wolke kommt – wie die Wolke zuvor – nah an dich heran. Auf diese Wolke setzt du ein großes Problem, das dir schon lange Zeit Kopfzerbrechen bereitet. Aber die Wolke nimmt dieses Problem mühelos entgegen und schwebt sicher mit ihm davon . . .

So tauchen immer wieder neue Sorgenwolken in deinem Zimmer auf. Manche sind größer und kräftiger, sodass du ihnen größere Sorgen anvertrauen kannst. Und manche der Wolken sind nur ganz klein, auf denen finden dann einfach die Dinge Platz, die dir nur so durch den Kopf gehen.

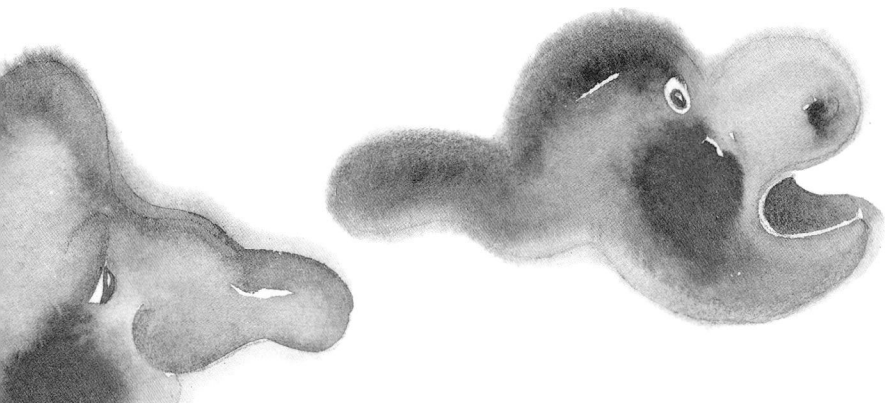

Endlich fühlst du dich ganz unbeschwert und bist erleichtert. Dein Kopf ist frisch und klar – nichts bedrückt dich mehr oder geht dir durch den Kopf.

Glücklich und zufrieden, kuschelst du dich tief in dein schönes Bett hinein und schließt die Augen.

Du spürst wieder die große Müdigkeit in dir . . . Vollkommen ruhig, entspannt und ganz gelöst liegst du da . . . Dein Körper ist schwer – ganz schwer . . . Du spürst die Schwere in deinen Armen und Beinen . . . Ganz schwer fühlen sich deine Arme und Beine an . . . Und deine Decke wärmt dich . . . Besonders warm sind deine Arme und Beine . . . Spür mal, wie die angenehme Wärme durch deine Arme und Beine hindurchströmt . . . Die wohlige Wärme breitet sich immer mehr in dir aus . . .

Und schließlich träumst du von einer kleinen, weißen Wolke . . . auf der du es dir bequem gemacht hast . . . und die mit dir durch den Himmel schwebt, schwerelos und rundherum glücklich . . .

Die Regenbogenprinzessin

Stell dir doch einfach mal vor, du machst einen kleinen Spaziergang. Es ist ein wunderschöner Tag mit viel Sonnenschein und du bist richtig gut gelaunt. Fröhlich vor dich hin pfeifend, schlenderst du mit gemütlichen Schritten deines Weges . . .

Plötzlich kommt dir eine kleine Elfe entgegengeflogen. Ihre zarten Flügel schillern im Licht der warmen Sonnenstrahlen. Ihr helles Haar besteht aus lauter Locken und immer, wenn die Locken der kleinen Elfe beim Fliegen auf und ab wippen, hört es sich an, als würden viele kleine Glöckchen bimmeln . . .

Mit einem Mal klopft die kleine Elfe mit ihrem glasernen Zauberstab auf den Boden . . .
Und genau an dieser Stelle wächst ein Regenbogen: kunterbunt und einfach wunderschön.
Staunend betrachtest du den Regenbogen, der immer noch größer zu werden scheint . . .

»Komm und folge mir!«, singt dir die kleine Elfe mit märchenhafter Stimme zu. Und schon fliegt sie den Regenbogen immer höher und höher hinauf . . .
Also gut, denkst du. Wann wird man schließlich schon von einer richtigen Elfe eingeladen?

Du betrittst den Regenbogen vor dir mit vorsichtigen Schritten. Doch der Regenbogen hält dich ganz sicher.

So wanderst du gespannt den bunt schimmernden Regenbogen hinauf, immer weiter der kleinen Elfe nach, die dir den Weg weist.

Als ihr ganz oben auf dem Regenbogen angekommen seid, hört der Regenbogen auf und vor dir erkennst du eine Rutsche.

»Herzlich willkommen!«, sagt die Elfe. »Ich bin die Regenbogenprinzessin und vor dir liegt mein Reich. Heute sollst du mein Gast sein.« Dann setzt sich die kleine Regenbogenprinzessin auf die Rutsche und saust los.

Du tust es ihr nach und rutschst hinterher, mitten ins Reich der Regenbogenprinzessin ...

Unten angekommen, stehst du auf einer kunterbunten Wiese. Hier wachsen Blumen in den schönsten Formen und Farben, die du dir nur vorstellen kannst. Doch das Schönste ist der Duft, den die Blumen verströmen. Er lässt dich ganz tief entspannen ... Das tut gut!

Die Regenbogenprinzessin zieht mit ihrem Zauberstab einen Kreis in den Himmel und schon kommen zwei Schmetterlinge angeflogen, die dir einen Begrüßungstrunk bringen. Das Getränk schmeckt köstlich und ist herrlich süß. Genau so, wie du es gerne magst ...

Danach reicht dir die Regenbogenprinzessin ihren Zauberstab. »Hier«, sagt sie. »Wenn du möchtest, kannst du dich ein wenig im Zaubern üben!«.

Das lässt du dir natürlich nicht zweimal sagen. Du schwingst den gläsernen Zauberstab – und schwupp!, steht ein großer Baum auf der bunten Wiese, der weiße Blüten trägt und eine prächtige Baumkrone hat. An seinen dicken Ästen hängt eine tolle Schaukel, die du gleich ausprobierst. Ach, es ist einfach herrlich! Du schaukelst, so hoch du nur kannst ...

Als du nach einer ganzen Weile endlich genug geschaukelt hat, zauberst du dir mithilfe des Zauberstabs ein riesengroßes Himmelbett mitten auf die Wiese. Das Himmelbett hat Vorhänge in den Farben des Regenbogens und auf dem Bettzeug ist eine große Sonne zu sehen.

Du kletterst in das Bett und schaust in den Himmel hinein. Von hier aus kannst du den Regenbogen in all seiner Schönheit betrachten. Die kleine Regenbogenprinzessin sitzt ganz oben auf ihrem Regenbogen und baumelt vergnügt mit den Beinen. Fröhlich winkt sie dir von dort oben zu . . .

Mit einem Mal fallen viele bunte Sterne aus dem Regenbogen zu dir herunter und legen sich zu dir ins Himmelbett. Du kommst dir vor wie in einem bunten Sternenmeer . . .

Und auf einmal bist du ganz müde . . . Es ist eine angenehme Müdigkeit und glücklich schließt du deine Augen . . . Ganz ruhig und vollkommen entspannt liegst du da . . . Dein Körper liegt schwer und entspannt in dem gemütlichen Himmelbett . . . In so einem bunten und vor allen Dingen kuscheligen Bett hast du noch nie zuvor gelegen . . . Die bunten Sterne und die Decke strahlen ganz viel Wärme und Geborgenheit aus . . . Dir ist angenehm warm . . . Du kannst ganz deutlich spüren, wie die wohltuende Wärme durch deinen ganzen Körper hindurchströmt . . . Strömend warm ist es dir . . . Und du bist rundherum entspannt, glücklich und zufrieden . . .

Hier im Reich der Regenbogenprinzessin ist es einfach so herrlich bunt, so angenehm ruhig und so spannend zugleich! Du schließt deine Augen und träumst von all den tollen Dingen, die du mit dem Zauberstab der kleinen Regenbogenprinzessin noch alle zauberst . . .

Komm mit in den Zauberwald!

Schließ nun deine Augen und stell dir vor, die Sonne scheint. Du ziehst dir deine Jacke über und machst einen kleinen Spaziergang.

Zuerst bummelst du den Pfad entlang, der hinter eurem Haus liegt. Als du um eine Biegung kommst, liegt plötzlich ein Wald vor dir, den du noch nie zuvor hier gesehen hast. Der Wald wirkt ganz hell und einladend auf dich.

»Halli, hallo!«, begrüßt dich der große Kastanienbaum, der am Rande des Waldes steht, und verneigt sich so tief vor dir, dass seine Äste den weichen Waldboden fast berühren. »Ich heiße dich im Zauberwald herzlich willkommen! Schau dich in aller Ruhe um. Der Zauberwald wird dir mit Sicherheit gefallen!«

Als der Kastanienbaum dein verdutztes Gesicht sieht, muss er lachen. Und als sich der Baum vor lauter Lachen den Bauch hält, purzeln viele Kastanien auf den Waldboden.

Jetzt musst du lachen, denn der Baum sieht wirklich zu komisch aus, wie er da steht und die ganze Zeit lacht!

Dann schaust du dich um. Dabei entdeckst du einen Baum, an dem viele Glöckchen hängen, die der Wind sanft schaukelt und die einfach zauberhaft klingen. Es hört sich an wie eine Melodie, und die klingt so lieblich, dass du eine ganze Weile nur dastehst und den Klängen aufmerksam lauschst . . .

Plötzlich spürst du, wie dich etwas am Bein zupft. »Hey, du!«, hörst du es

leise rufen. Und als du nach unten schaust, bemerkst du einen kleinen Wichtel mit einer geringelten Zipfelmütze und einer weißen Schürze um den Bauch. »Mein Kochlöffel ist verschwunden!«, schimpft der kleine Zwerg ärgerlich und stampft mit dem Fuß auf den Boden. »Und jetzt kann ich nicht weiterkochen, verflixt und zugewichtelt!«

»Sollen wir zusammen nach deinem Kochlöffel suchen?«, schlägst du dem kleinen Kerl vor, dessen Zipfelmütze vor lauter Ärger hin und her baumelt. »Das würdest du für mich tun?«, fragt der kleine Wichtel und ein Lächeln huscht über sein Gesicht. »Dann lad ich dich auch zum Essen ein!« Zusammen schaut ihr euch um und sucht.

Nach einiger Zeit vernehmt ihr ein Trommeln. »Die Trommelei raubt mir noch den letzten Nerv!«, brummt der kleine Wichtel und hat vor lauter Aufregung um seinen Kochlöffel schon ein ganz rotes Gesicht.

»Wer trommelt denn überhaupt?«, willst du von ihm wissen. »Woher soll ich das wissen?«, bekommst du als Antwort, doch da siehst du einen kleinen Hasen, der vor sich einige Töpfe stehen hat und abwechselnd mit seinen langen Ohren und einem hölzernen Kochlöffel auf die Töpfe schlägt.

»Schau mal dort!«, sagst du zu dem kleinen Wichtel und zeigst in die Richtung, in der der musikalische Hase hockt. »Ist das vielleicht dein Kochlöffel?«

»Und ob er das ist!«, sagt der kleine Wichtel ganz empört und flitzt – schnell wie der Wind – auf den trommelnden Hasen zu.

»Das ist ein Kochlöffel und kein Krachschläger!«, faucht der Wichtel den Hasen an.

»Ist ja schon gut!«, versucht der Hase den Wichtel zu beruhigen. »Ich habe ihn im Wald gefunden. Er hat einfach so dagelegen und ich dachte, er gehört niemandem!«

»Nichts hat so dagelegen!«, sagt der Wichtel nun schon beruhigter. »Ich brauchte nur noch ein paar süße Beeren für meine Pfannkuchen. Und da habe ich den Löffel einen Moment zur Seite gelegt.«

Der Wichtel muss jetzt lächeln. »Weißt du was? Du darfst heute auch mitessen. Einen Gast habe ich ja schon«, sagt er und zeigt auf dich. »Einer mehr macht dann auch nichts mehr aus.«

Und so geht ihr zur Höhle des Wichtels, aus der es schon wunderbar nach Essen riecht. Der kleine Kerl backt einen riesigen Berg Pfannkuchen und dazu gibt es Quark mit süßen Beeren. Das Essen schmeckt einfach großartig.

Nachdem ihr alle viel erzählt, gelacht und gegessen habt, verabschiedest du dich von den beiden und dankst dem Wichtel für das Essen.

Du schlenderst weiter durch den Zauberwald und kommst an eine kleine Lichtung. Dort wachsen zwei richtige Zauberbäume mit bunten Blättern. Und zwischen den beiden Bäumen ist eine Hängematte. Das ist jetzt genau das Richtige, denkst du und machst es dir in der Hängematte bequem. Als du daliegst, fallen ein paar der bunten Blätter von den Zauberbäumen und decken dich zu. Die Blätter sind wirkliche Zauberblätter und sind so kuschelig und warm wie eine richtige Decke.

Ganz ruhig und entspannt liegst du in der Hängematte . . . Du fühlst dich ganz wohl und glücklich . . . Dein Körper ist ganz schwer . . . Die Schwere spürst du besonders deutlich in den Armen und Beinen . . . Schwer und entspannt liegst du da . . . Die Zauberblätter wärmen dich . . . Du spürst, wie die angenehme Wärme der Blätter durch dich hindurchströmt . . . Ja, dein ganzer Körper ist strömend warm . . . Und der Wind schaukelt dich sanft und ganz sacht hin und her . . . Immer im selben ruhigen Rhythmus . . . Ebenso ruhig und regelmäßig fließt dein Atem tief in dir . . .

Völlig zufrieden und entspannt schläfst du schließlich ein und träumst den Traum von Zauberwald . . .

Der Hüter der Träume

Wenn du nun deine Augen schließt, dann stell dir einmal vor, du machst einen kleinen Spaziergang vor dem Zubettgehen. Du schlenderst an einem ruhig fließenden Fluss entlang. Durch das Mondlicht sieht das Wasser aus, als wäre es silbern. Wie das funkelt und glitzert! Man könnte meinen, das Wasser des Flusses würde aus tausenden von kleinen Sternchen bestehen . . .

Plötzlich hält ein kleiner Kahn neben dir am Ufer. In dem Kahn sitzt ein alter Mann mit langem, weißem Haar und einem Bart. Der Mann trägt einen weiten Umhang und darunter ein weißes Hemd, das im Mondlicht schimmert. Um seinen Hals hängt ein Amulett, das einen goldenen Stern zeigt.

»Noch so spät unterwegs?«, fragt dich der Mann mit sehr freundlicher, weiser Stimme.

»Ich wollte vor dem Schlafengehen noch ein wenig frische Luft schnappen!«, antwortest du dem sympathischen, alten Mann, der dich sehr fasziniert.

»Vielleicht sollte ich mich erst einmal vorstellen«, fährt der Mann weiter fort, mit einer Stimme, die eine sehr beruhigende Wirkung auf dich hat.

»Man nennt mich den Hüter der Träume. Ich sorge dafür, dass jeder Mensch auf Erden gut schläft und einen schönen Traum hat. Hast du Lust, mich heute Nacht ein wenig zu begleiten?«

»Und ob!«, sagst du begeistert und der Hüter der Träume reicht dir seine Hand, um dir in seinen Kahn zu helfen.

Langsam rudert ihr gemeinsam den ruhigen Fluss entlang. Wie schön ruhig und still es am Abend doch immer ist, geht es dir durch den Kopf. Du genießt die Fahrt durch die Nacht und fühlst dich sehr wohl. Es scheint fast, als würdet ihr in eurem Kahn schweben, so lautlos kommt ihr voran.

Schließlich kommt ihr an einen See. Das Wasser des Sees ist so klar, dass du bis auf den Grund sehen kannst. Alles um dich herum funkelt im Dunkeln der Nacht so hell, dass es dir ganz warm ums Herz wird. Du kannst auch ein leises Läuten hören, das so fein und lieblich klingt . . .

»So«, sagt der Hüter der Träume. »Nun sind wir am Ziel. Hier finden wir für jeden den passenden Traum. Magst du einen Traum für deine beste Freundin (deinen besten Freund) aussuchen?«
»Das wäre großartig!«, sagst du und bist über dieses Angebot ganz erstaunt.
»Dann sei nun ganz still und schau dich in aller Ruhe um. Den Stern, der dir am allerbesten gefällt, den berühre mit dieser Stimmgabel!«, erklärt dir der Hüter des Glücks und reicht dir etwas Silbernes.
Als du dich im Wasser umsiehst, erkennst du, dass dies kein See aus Wasser ist, auf dem ihr schwimmt, sondern aus einem wahren Sternenmeer. Stern für Stern entdeckst du und einer funkelt und schimmert schöner und wärmer als der andere. Deswegen ist es hier auch so hell, denkst du.
Du schaust dich gründlich um, bis du einen ganz besonders schönen Stern gefunden hast. Den berührst du ganz sacht mit der Stimmgabel: Ein leises, wunderschönes Klingen ertönt in der Nacht, das dich wie verzaubert . . .

Als du das Klingen nicht mehr hören kannst, ist auch der Stern verschwunden. »Nun geht's weiter!«, erklärt der Hüter der Träume. Und so berührst du einen Traumstern nach dem anderen, damit jeder in dieser Nacht gut schlafen und etwas besonders Schönes träumen kann . . .

Schließlich fühlst du dich ganz müde. Dir fallen fast schon die Augen zu. Der Hüter der Träume schnippt mit den Fingern und schon liegen ein großes Kissen und eine weiche Decke im Kahn. »So, dann mach es dir mal gemütlich!«, sagt der Hüter der Träume. »Du hast es dir wahrlich verdient!« Und so kuschelst du dich tief in das Kissen und mummelst dich in die Decke ein.

Ganz ruhig und entspannt liegst du da . . . Der Hüter der Träume wacht in dieser Nacht besonders gut über dich . . . Du fühlst dich ganz sicher und geborgen . . . Dein Körper ist schwer, ganz schwer . . . Du spürst die Schwere auch in Armen und Beinen . . . Und die Decke hält dich wunderbar warm . . . Du merkst, wie diese Wärme durch deinen ganzen Körper strömt . . . Wunderbar warm fühlst du dich . . . Von Kopf bis zu den Füßen . . .

Du kannst noch hören, wie es leise zu klingen beginnt, als der Hüter der Träume sich einen ganz besonderen Traum für dich ausgesucht hat. Und dann bist du schon im Traumland . . .

Sternentanz

Schließ nun deine Augen und stell dir einmal vor, es ist Abend. Du liegst in deinem Bett und schaust ganz verträumt in den klaren Nachthimmel und beobachtest den Mond. Da keinerlei Wolken am Himmel sind, leuchten die vielen Sterne in dieser Nacht ganz besonders hell . . .

Du stehst auf und stellst dich an dein Kinderzimmerfenster, um den Abendhimmel so noch besser sehen zu können . . .
Dabei atmest du die frische, klare Abendluft tief ein . . .
Alles liegt ganz friedlich und leise da. Du bist wie verzaubert von der schönen Nacht – und lässt deine Seele einmal richtig baumeln . . .

Je nachdem, wie aufregend der Tag für das Kind war, können Sie an dieser Stelle eine längere Pause machen von ca. ein bis zwei Minuten. Vielleicht ist das Kind solche Geschichten bereits gewöhnt und mag es, wenn diese Pause von leiser meditativer Musik begleitet wird!

Plötzlich entdeckst du direkt vor deinem Fenster eine Strickleiter, die mitten im Himmel zu enden scheint. So kletterst du auf die Fensterbank und kraxelst die Leiter Stufe für Stufe hinauf, dem guten, alten Mond entgegen . . .
Das Klettern fällt dir gar nicht schwer und du freust dich dem Himmel einmal so nah zu sein. Das Leuchten der Sterne und das Mondlicht wird immer schöner und du spürst die angenehme Wärme, die von dem Licht ausgeht . . .

Schließlich bist du oben angekommen. »Sei willkommen!«, sagt der Mond mit seiner tiefen, aber sehr freundlichen Stimme. »Schön, dass du an diesem Abend unser Gast bist!«

Da kommen auch schon die vielen Sterne an und begrüßen dich ebenfalls. Auch sie sind ganz froh, dass heute Abend ein Gast bei ihnen ist.

Dann reichen sie dir ein Sternenlicht. Es sieht aus wie eine kleine Laterne, in der eine Kerze brennt. Doch anstatt der Kerze funkelt ein winzig kleiner Stern in ihrem Innern. Das Licht scheint hell und fühlt sich wunderbar warm an. Du merkst, wie sich die Wärme auch um dein Herz legt, und das macht ein herrlich unbeschwertes Gefühl!

Auch alle Sterne, selbst der gute, alte Mond halten solch ein Sternenlicht in ihren Händen.

Plötzlich vernimmst du eine leise Melodie, die ganz zauberhaft klingt und so schön ist, dass du wie gebannt den Klängen lauschst.

Da siehst du, dass sich eine riesig große Wolke genähert hat. Sie ist ganz weiß und schaut aus wie ein großer Wattebausch. Auf der Wolke stehen ein paar Engel mit goldenen Flügeln und spielen auf himmlischen Instrumenten. Wie schön das klingt! Du bist immer noch ganz überwältigt!

Auf einmal fassen sich alle Sterne an. Auch du bist dabei und ihr tanzt mit all den Sternenlichtern einen Abendreigen am dunklen Himmel. Wie schön das wohl auf der Erde aussehen mag, überlegst du. Doch dann drehst du dich weiter mit all den vielen Sternen. Der gute, alte Mond ist in eurer Mitte und beginnt sich zur Musik zu wiegen. Seine Schlafmütze wackelt im Takt hin und wieder her . . .

Schließlich bist du müde. Der Mond bettet dich vorsichtig auf die Wolke, auf der die Engel immer noch musizieren. Ein paar Sterne kommen und bringen dir eine silberne Decke, die so herrlich warm ist. »Sie ist aus vielen Mondstrahlen gewebt!«, erklärt dir ein Stern.

Und so liegst du ganz ruhig und entspannt auf der Wolke . . . Du fühlst dich müde und schwer . . . Besonders schwer sind deine Arme und Beine . . . Und dann spürst du wieder die Decke, die dir die Sterne gebracht haben . . . Sie ist so leicht und dennoch rundherum warm . . . Die Wärme durchströmt deinen Körper . . . Wunderbar warm fühlst du dich . . . Schwer, warm und vollkommen entspannt . . .

Wie von weither hörst du die Musik der Engel und du träumst, dass dich der Mond auf der Wolke ganz liebevoll in den Schlaf wiegt . . .

Vom Nachtwächter

Wenn die Menschen auf der Erde in ihren Betten liegen und schlafen, gibt es einen, der über alle wacht: Der Nachtwächter!
Stell dir doch mal vor, es ist dunkel geworden, der Mond steht groß und rund am Himmel. Du hast dir einen warmen Mantel angezogen und bist in dieser Nacht als Nachtwächter unterwegs . . .

In der einen Hand trägst du eine kleine Laterne, in der eine Kerze leuchtet. Und so ziehst du durch die Straßen und Gassen und schaust nach dem Rechten . . .

Die vielen Sterne am Himmel weisen dir den Weg und leuchten sacht in die Häuser hinein, damit du auch sehen kannst, dass jeder ruhig schläft und etwas Schönes träumt . . .

Als du an dem kleinen Stadtpark vorbeikommst, der hinter dem Rathaus liegt, hörst du das leise Miauen einer Katze . . .

Suchend schaust du dich um und folgst dem Miauen . . .
Und da entdeckst du das kleine Kätzchen auch schon. Es ist eine kleine Katze, die nicht mehr vom Baum herunterkommt. Und so kletterst du auf die Bank, die glücklicherweise unter diesem Baum steht, und streckst der Katze deine Hände entgegen. Dankbar klettert sie in deine Hände und beginnt wohlig zu schnurren. Ihr kleines Herz pocht noch vor lauter Aufre-

gung. So setzt du dich auf die Bank, machst es dir gemütlich und legst die Katze auf deinen Schoß. Ganz warm fühlt sie sich an wie eine kleine Wärmflasche . . .

Beruhigend streichelst du über ihr weiches, warmes Fell. Die Katze schmiegt sich eng an dich und ist nun ganz ruhig und entspannt . . .

Eine Weile bleibt ihr gemeinsam dort auf der Bank sitzen. Doch dann ist es für dich Zeit. Du stehst auf und verabschiedest dich von der kleinen Katze, die noch auf der Bank liegen bleibt, um ein kleines Nickerchen zu halten . . .

So gehst du durch die Hauptstraße der Stadt. In den Häusern und Geschäften ist es still und vollkommen ruhig . . .

Da steigt ein wunderbarer Duft von warmen Brötchen in deine Nase . . . Und als du um die nächste Straßenecke biegst, kommst du an der Bäckerei vorbei.

Der Bäcker ist in jeder Nacht schon früh auf den Beinen, damit die Leute am Morgen frisches Brot, Stuten und Brötchen bei ihm kaufen können. Nur am Sonntag, da hat der Laden zu und der Bäcker darf in aller Ruhe einmal ausschlafen . . .

Die Tür der Backstube steht offen und da streckt der Bäcker seinen runden Kopf aus der Tür und ruft: »Guten Abend, Nachtwächter. Alles in Ordnung?«

»Alles in bester Ordnung!«, antwortest du ihm. Da winkt er dich zu sich und reicht dir eine Tüte mit frischen Brötchen, die er gerade aus dem Ofen geholt hat. Die Brötchen sind noch warm und sie duften wunderbar . . .

»Vielen Dank!«, sagst du und gehst weiter. Nun musst du nur noch über den Kirchplatz und dann bist du fertig. Aber auch hier ist alles vollkommen ruhig und still . . .

So gehst du nach Hause und machst dir einen warmen Kakao. Dazu schmierst du dir eines der frischen Brötchen und machst es dir in deinem Sessel ganz gemütlich . . .

Vollkommen ruhig und entspannt bist du nun . . . Dein Körper ist schwer, vollkommen schwer . . . Der lange Weg durch die Nacht hat dich müde gemacht und die Beine schwer . . . Aber es ist eine angenehme Schwere . . . Und der Kakao, den du in kleinen Schlucken trinkst, wärmt dich auf eine wunderbare Art und Weise . . . Die Wärme flutet durch deinen ganzen Körper . . . Rundherum warm und wohlig fühlst du dich . . .

Und als du fertig gegessen hast, beginnt es draußen, langsam hell zu werden. Müde und satt gehst du in dein Bett und legst dich schlafen. Du hast es dir wirklich verdient. Schlaf gut, kleiner Nachtwächter, und träume etwas Schönes!

Seifenblasen

Stell dir vor, es ist Nachmittag. Du sitzt an deinem Schreibtisch und schaust träumend aus dem Fenster. Dein Tag ist anstrengend gewesen und deine Gedanken kreisen unermüdlich . . .

Da entdeckst du eine große Seifenblase, die vollkommen schwerelos durch die Luft gleitet. Durch das warme, helle Licht der Sonnenstrahlen glitzert die Seifenblase wie ein kleiner runder Regenbogen. Wie schön das aussieht! Du beobachtest die Seifenblase ganz fasziniert . . .

Und da kommt die Seifenblase auf einmal auf dein Fenster zugeflogen. Als sie ganz nah bei dir ist, öffnet sich wie von Zauberhand eine kleine Luke darin. Ohne lange zu überlegen, kletterst du in die Seifenblase hinein. Du machst es dir in der Seifenblase gemütlich und da schließt sich die Luke und los geht euer Flug.
Wie spannend, in einer Seifenblase durch die Welt zu fliegen, geht es dir durch den Kopf . . .

Ihr steigt in gemütlichem Tempo in den strahlend blauen Himmel hinauf. Und je höher ihr fliegt, desto angenehmer empfindest du die wohltuende Wärme der Sonne . . .

Das Schönste an dieser Seifenblase ist, dass du dir vorkommst wie in einer Hülle, die dir den Schutz und Halt gibt, den du gerade brauchst. Und wie herrlich ruhig es ist! Die oft so unangenehm lauten Geräusche der Stadt kannst du hier drin gar nicht mehr hören, sondern nur zarte, wohlklingende Töne . . .

So fliegt ihr über die Dächer deiner Stadt und du beobachtest die Landschaft unter dir, die winzig klein aussieht. So, als wäre sie aus Spielzeug!

Schließlich seit ihr so hoch oben, dass um dich herum nur noch blauer Himmel und einige kleine Schäfchenwolken zu sehen sind – einfach traumhaft!
Gemütlich lehnst du dich zurück und lässt deine Seele baumeln. Das klappt wunderbar, denn hier oben gibt es einfach nichts, was dich stört . . .

⭐ *Hier können Sie, je nach Bedürfnis des Kindes, eine längere Pause von ca. ein bis drei Minuten machen. Sobald das Kind merklich unruhig wird, erzählen Sie die Geschichte einfach weiter!*

Ganz in deine Gedanken vertieft, bemerkst du mit einem Mal eine andere Seifenblase am Himmel. Auch in dieser sitzt ein Kind. Als es dich sieht, winkt es dir freundlich zu und lacht. Wie lustig, denkst du, als auch schon die nächste schillernde Seifenblase an dir vorüberzieht.
Immer mehr schimmernde Seifenblasen treffen sich am Himmel und in allen sitzen Kinder, die fröhlich und ausgelassen sind.
Die Seifenblasen fangen plötzlich fast unmerklich zu wackeln an, als wür-

den sie leise kichern. Und schon bilden alle Seifenblasen ein Bild am Himmel, das aussieht wie eine schöne Blume.

Nach einer Weile schnippt eines der Kinder mit seinen Fingern und die Blume aus lauter Seifenblasen verwandelt sich in einen riesigen Stern. Dann kommt dir eine Idee und du lässt Seifenblase für Seifenblase zu einem wunderschönen Bild werden . . .

Nachdem ihr allerhand Bilder am Himmel habt wachsen lassen, fällt dir auf, dass sich der Tag langsam, aber sicher dem Ende zuneigt. Die Sonne hat sich längst schlafen gelegt und nun steht der Mond als große Sichel am Abendhimmel. Viele kleine und große Sternchen leisten ihm dabei Gesellschaft.

Ganz ruhig und vollkommen entspannt liegst du in deiner Seifenblase . . . Dein Körper fühlt sich rundherum schwer an . . . Schwer, ganz schwer liegst du da . . . Das silberne Mondlicht, das sich in der Hülle deiner Seifenblase spiegelt, strahlt eine angenehme Wärme aus . . . Es fühlt sich an, als würde der Mond dich mit seinen Strahlen umhüllen und zudecken . . . Du fühlst, wie die Wärme durch deinen ganzen Körper hindurchströmt und dich angenehm wärmt . . . Alles in dir ist warm, angenehm warm . . . Und die Seifenblase wird durch den zarten Abendwind ganz sacht hin und her bewegt . . . Ganz ruhig und regelmäßig schaukelt deine Seifenblase hin und her . . . Hin und her . . . Ebenso ruhig und gleichmäßig fließt dein Atem in dir . . . Lass es einfach in dir atmen . . .

Und schließlich bist du so herrlich müde, dass dir die Augen zufallen. Die Seifenblase trägt dich sicher und behütet dich die ganze Nacht . . .

Der kleine Waldkobold

Schließ nun deine Augen und stell dir vor, du bist ein kleiner Waldkobold. Du bist ein gemütlicher, kleiner Kerl mit zotteligem Haar und einem lustigen Gesicht, auf dem viele Sommersprossen leuchten . . .

Wie alle Waldkobolde hast auch du ein gemütliches, kleines Haus in einem Baumstamm, in dem es alles gibt, was du zum Leben brauchst . . .

Heute ist so ein schöner Tag und die warme Sonne lockt dich nach draußen . . .

Als Erstes marschierst du zu dem kleinen Bach, der gar nicht weit von deinem gemütlichen Baumhaus entfernt ist. Du hörst das leise Plätschern und beschließt ein kleines morgendliches Bad zu nehmen. Das Wasser des Baches ist ganz klar und auf dem Grund liegen viele, runde Kieselsteine. Die sehen aus wie Bonbons, nur dass sie nicht bunt sind!

Mit einem »Hopp« springst du ins Wasser, das genau die Temperatur hat, die du im Moment brauchst – einfach wunderbar! Du lässt es dir im Wasser des kleinen Baches so richtig gut gehen . . .

An dieser Stelle der Geschichte bietet es sich an, eine kleine Pause zu machen, vielleicht sogar mit meditativer Musik, passend zum Thema.
Aber nur, wenn das Kind bereits Erfahrungen mit solchen Phantasiereisen gemacht hat und so eine Pause mit eigenen Gedanken und Bildern füllen kann!

Nachdem du dann genug gebadet hast, hörst du wie dein Magen knurrt. Es ist Zeit für ein köstliches Frühstück, findest du. Und so machst du dich auf die Suche nach ein paar Beeren. Während du im Wald umherstreifst, hörst du das leise Zwitschern der Vögel, die den Tag begrüßen . . .

Nach einer Weile hast du endlich einen freundlichen Platz gefunden, an dem Waldbeeren wachsen. Du pflückst hungrig ein paar Beeren ab, die köstlich schmecken und herrlich süß sind. Genau das, was du brauchst – einfach lecker!

Als du schließlich genug Beeren gegessen hast und vollkommen satt bist, machst du dich wieder auf den Heimweg. Da entdeckst du plötzlich ein grünes Moosbett, auf dem sich viele Sonnenstrahlen tummeln. Genau das Richtige für ein gemütliches Nickerchen am Morgen, denkst du und machst es dir auf dem weichen Moos bequem . . .
Ach, das tut gut. Gemütlich auf dem Bett aus weichem Moos und viele, warme Sonnenstrahlen, die einem den Bauch kitzeln . . .

Ganz ruhig und entspannt liegst du in dem wunderbaren Moosbett . . . Du fühlst dich pudelwohl, satt und rundherum zufrieden . . . Dein kleiner Körper ist schwer . . . Ganz schwer fühlt sich dein Körper an . . . Fühl doch mal, wie schwer deine Arme und Beine nun sind . . . Und dann spürst du, wie warm die Sonnenstrahlen auf deiner Haut sind . . . Die wohltuende Wärme der vielen Sonnenstrahlen durchströmt deinen Körper . . . Alles ist warm, strömend warm . . . Sogar dein Bauch ist ganz warm, denn mitten darauf sitzt ein kleiner Sonnenstrahl und ruht sich aus . . .

Dann schließt du deine Augen und schläfst ein . . .

Meine Zauberblume

Schließ nun deine Augen und komm zur Ruhe . . .

Dann stell dir mal vor, du schlenderst über ein Feld. Die Sonne steht hoch oben am Himmel und lässt alles um dich herum hell erleuchten . . .

Wo das Feld endet, liegt vor dir ein Gartentor. Du öffnest es und betrittst den dahinter liegenden Garten. Sofort fällt dir der wohltuende Geruch auf, den dieser Garten verbreitet. Dieser Duft lässt dich ganz tief entspannen . . .

Wie verzaubert schaust du dich um. Rechts von dir wachsen wunderschöne Bäume mit dicken, verschnörkelten Stämmen und prächtigen Baumkronen. Sie sehen aus wie Zauberbäume und haben Blätter in den lustigsten Formen, die du dir nur vorstellen kannst. Auch die Blätter dieser Bäume sind nicht einfach nur grün. Als du sie dir näher anguckst, erkennst du, dass die Blätter grün getupft, grün gestreift, geringelt, kariert und gepunktet sind. Einfach wunderschön und zudem wirken diese Muster sehr beruhigend . . .

Als du weitergehst, kommst du an zauberhaften Büschen vorbei, an denen bunte Knospen wachsen. Diese Knospen strecken ihre Blütenblätter der Sonne entgegen, um neue Kraft zu sammeln. In jeder Knospe leuchtet – genau in der Mitte – ein winzig kleines Glöckchen, das ganz zart und leise klingt . . .

Und dann liegt plötzlich eine Wiese vor dir. Die Wiese selbst kann man eigentlich kaum erkennen, weil auf ihr tausende von bunten Blumen wachsen. Eine Blume steht neben der nächsten und sieht noch zauberhafter aus als die anderen.

Mittendrin im bunten Blumenmeer steht ein kleiner Springbrunnen, dessen Wasser im Licht der warmen Sonne golden funkelt. Du gehst auf den Springbrunnen zu und schaust dem Wasserspiel eine ganze Weile lang zu . . .

Nachdem du genug geguckt hast, tauchst du deine Hände in das Wasser des Springbrunnens und sogleich bemerkst du, dass dies kein gewöhnliches Wasser ist. Es kommt dir vor, als würde es wieder neue Kraft in dir strömen lassen. Auch alle Gedanken, die dir im Kopf herumschwirren und dich nicht zur Ruhe kommen lassen, sind mit einem Mal wie weggeblasen. Du lässt die Hände einen Moment in diesem Wasser, um so viel neue Kraft in dir aufzunehmen, wie du brauchst . . .

★ *Hier sollten Sie eine Pause von etwa einer Minute einplanen.*

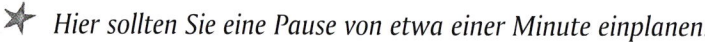

Nun fühlst du dich so gut wie schon lange nicht mehr. Voller Glück bummelst du durch die bunten Blumen hindurch, die auf der Wiese wachsen, und spürst, wie die bunten Farben erfrischend auf deine Seele wirken. Da entdeckst du eine besonders schöne Blume. Du fühlst dich geradezu von ihr angezogen und pflückst sie vorsichtig ab. Als du sie in deinen Hän-

den hältst, bemerkst du, dass an dieser Stelle wie von Zauberhand eine neue Blume nachwächst . . .

Du hältst deine Blume ins Licht der Sonne und betrachtest sie eine Weile, ohne ein Wort zu sprechen . . .

»Ich bin eine Zauberblume und trage viele schöne Träume in mir!«, hörst du es leise flüstern. Und da bemerkst du, dass die Blume zu dir gesprochen hat. Eine Zauberblume, denkst du erfreut, das ist ja wunderbar! Und so suchst du dir einen schönen Platz, an dem du es dir nach Herzenslust gemütlich machen kannst . . .

Schließlich hast du eine passende Stelle gefunden, die sehr einladend wirkt. Du machst es dir dort bequem und legst dich hin. Die Zauberblume liegt auf deinem Bauch und du siehst, dass sich eines der Blütenblätter löst und in den Himmel hinaufsteigt. Wie eben auf der Wiese, so ist auch das Blütenblatt nachgewachsen. Und während du dem fliegenden Blütenblatt nachschaust, scheint es dir, als würde etwas bunter Blütenstaub vom Himmel herabrieseln . . .

Ganz ruhig und entspannt liegst du da . . . Nichts geht dir mehr durch den Kopf und du fühlst dich ganz frei und gelöst . . . Dein Körper fühlt sich schwer an . . . Ganz schwer und entspannt liegst du da . . . Und die vielen Sonnenstrahlen, die deine Haut berühren, scheinen dich ganz liebevoll zu umhüllen und zu beschützen . . . Du genießt die Wärme und freust dich, dass sie durch deinen ganzen Körper hindurchströmt . . . Du nimmst die wohlige Wärme dankbar in dir auf . . .

Und da spürst du auch, wie der Blütenstaub des Blattes dich endlich erreicht hat. Du merkst noch, wie es zu einem wunderschönen Traum wird, der dich begleitet. Es ist der schönste Traum, den du seit langem hattest . . .

Ganz entspannt am Strand

Wenn du nun deine Augen schließt, stell dir doch mal vor, du machst gerade Urlaub. So kannst du all den Stress und die Hektik des Alltags für eine Weile hinter dir lassen und den lieben, langen Tag nur die Dinge tun, zu denen du große Lust hast . . .

Fröhlich packst du nach dem Frühstück deine Tasche und machst dich auf den Weg an den Strand. Gemütlich schlenderst du des Weges und freust dich, weil der Himmel heute wirklich himmelblau ist und die Sonne so herrlich scheint. Eben genau so ein Tag, um den Urlaub richtig genießen zu können . . .

Als du am Strand angekommen bist, ziehst du dir deine Schuhe und Strümpfe aus, krempelst deine Hose ein Stück hoch und watest mit den nackten Füßen durch das Wasser, das die kleinen Wellen ans Ufer spülen. Das Wasser ist wohltemperiert und umspült deine Füße. Das fühlt sich an, als würde das Wasser deine Füße sanft massieren . . .

Während du eine Weile so am Strand spazieren gehst, hältst du nach schönen Dingen Ausschau. Eben hast du einen wunderschönen, kleinen Stein gefunden. Er sieht fast aus wie ein kleines Herz. Du hast dir deshalb auch vorgenommen ihn zu Hause mit roter Farbe anzumalen.
Da entdeckst du im Sand, direkt vor deinen Füßen, eine schöne Muschel. Die Muschel sieht ganz geheimnisvoll aus und ist fest verschlossen. Was

sie wohl in ihrem Inneren so sicher aufbewahrt? Vielleicht eine kleine Perle?

Du steckst die Muschel in deine Hosentasche, in der auch schon der herzförmige Stein ist. Und dann suchst du dir im warmen Sand ein gemütliches Plätzchen, an dem du richtig ausspannen kannst . . .

Endlich hast du etwas unterhalb der Dünen eine ganz windgeschützte Stelle gefunden. Du legst dich in den weichen Sand und machst es dir richtig bequem . . .

Ganz ruhig und entspannt liegst du da . . . Nichts geht dir durch den Kopf und du lässt einfach die Seele einmal richtig baumeln . . . Dein Körper fühlt sich schwer an, angenehm schwer . . . Besonders schwer sind deine Arme und Beine . . . Ganz schwer und entspannt liegst du da . . . Und dann fühlst du die Sonnenstrahlen . . . Viele, warme Sonnenstrahlen wärmen deinen Körper . . . Die sonnige Wärme

durchströmt deinen Körper und macht alles herrlich warm . . . Die Wärme der Sonne fließt bis in deine Hände und Füße hinein . . . Du nimmst die Wärme tief in dir auf, weil sie dir außer einem großen Gefühl von Geborgenheit und Liebe auch ganz viel neue Kraft schenkt . . . Das tut vielleicht gut . . . Da bemerkst du die kleinen Wellen, die du von hier aus beobachten kannst . . . Ganz ruhig und in regelmäßigen Abständen werden sie an das Ufer gespült und fließen wieder zurück ins Meer . . . Genauso ruhig und regelmäßig wie die Wellen fließt dein Atem tief in dir . . . Ganz ruhig und gleichmäßig strömt dein Atem in dir ein und aus . . . Ein und aus . . . So bist du nun vollkommen ruhig, entspannt und gelöst . . .

Ach, so ein Urlaub ist doch immer etwas Tolles! So viel Ruhe und Zeit für dich hast du schon lange nicht mehr gehabt. Du nimmst dir fest vor, dir von nun an mehr Zeit zum Entspannen zu gönnen, damit du regelmäßig neue Kraft für deinen Alltag tanken kannst. Denn mit viel Kraft und Freude geht alles viel leichter von der Hand . . .

Gute Nacht!

Hilfen und Tipps für Eltern

Viele Kinder finden gerade am Abend schwer zur Ruhe. Der vergangene Tag beschäftigt sie und oft schaffen es die Kinder nur mit großer Mühe, irgendwann einzuschlafen. Die Eltern sind verständlicherweise entnervt, weil sie endlich ihren wohlverdienten Feierabend genießen möchten, die Kinder aber immer wieder rufen oder aus dem Bett kommen. Schnell steckt man in einem Teufelskreis, der viel Anspannung für die ganze Familie mit sich bringt. Ich bin selbst Mutter von drei aufgeweckten kleinen Töchtern und weiß, wie schwer es ist, Ruhe zu bewahren, wenn die Kinder keinen Schlaf finden!

Aus diesem Grund möchte ich Ihnen zusätzlich zu den Entspannungsgeschichten zum Einschlafen noch einige kleine Tipps mit auf den Weg geben, die den Kindern das Einschlafen erleichtern und schneller Ruhe einkehren lassen:

★ Versuchen Sie den frühen Abend wirklich entspannt zu gestalten und keine Hektik zu verbreiten. Je harmonischer der Tag ausklingt, desto leichter haben die Kinder es, einzuschlafen! (Im größten Trubel haben auch wir Erwachsene Schwierigkeiten, Ruhe zu finden . . .)
Eine gemütliche Mahlzeit am Abend bei schön gedecktem Tisch, vielleicht sogar mit leiser meditativer Musik, verhilft zu mehr Ruhe und

schafft eine gemütliche Atmosphäre, in der sich die Kinder wohl fühlen!

⭐ Rituale geben Kindern Sicherheit und erleichtern den Abschied vom Tag. Reden Sie mit Ihrem Kind und entwickeln Sie gemeinsam bestimmte Rituale, die das Zubettgehen erleichtern. Für Kindergartenkinder könnte man eine Bildtafel basteln, auf der genau aufgemalt wird, was am Abend gemacht wird. Beispielsweise:

– Gemeinsam das Kinderzimmer aufräumen
– Zusammen zu Abend essen
– Tisch abdecken
– Schlafanzug anziehen
– Zähne putzen
– Gutenachtgeschichte / Lied / kleine Massage o.Ä.
– Schlafen

So können auch jüngere Kinder, die noch nicht selbst lesen können, anhand der Bilder den genauen Ablauf am Abend erkennen und sich jederzeit darauf vorbereiten!

⭐ Nehmen Sie sich Zeit, um die Kinder ins Bett zu bringen. Je älter die Kinder sind, desto selbstständiger können diese sicherlich mithelfen. Aber auch Schulkinder brauchen am Abend noch Zuwendung. Oft hilft es ihnen gerade, wenn sie noch einmal von ihren Erlebnissen am Tag berichten können. Das macht den Kopf klar und hilft schneller einzuschlafen!
Sehr beruhigend wirkt sicherlich eine schöne Massage, wenn Sie im Zimmer eine Duftlampe anzünden oder es sich mit einer Kerze gemütlich machen. Im Halbdunkel können Sie dann eine Entspannungsgeschichte zum Einschlafen vorlesen.

✳ Jedes Kind hat andere Vorlieben. Eines mag ein Lied, das Sie zusammen singen, ein anderes hört lieber eine schöne Geschichte oder lässt sich über den Kopf streicheln, am Rücken massieren ... Wichtig ist nur, dass Sie nicht jeden Tag etwas Neues ausprobieren. Sie sollten den Ablauf, für den Sie sich gemeinsam entschieden haben, erst mal eine Weile beibehalten. Denn jeder Wechsel bringt auch wieder Unruhe mit sich!

✳ Wie wäre es am nächsten Wochenende mal mit einer »Familienkonferenz« bei Kakao und Keksen? Sie könnten über all die Dinge sprechen, die in der kommenden Woche anstehen, die dem einen oder anderen Familienmitglied Kopfzerbrechen bereiten, oder Sie könnten auch einfach darüber sprechen, warum ihr Kind Probleme hat, einzuschlafen. Sicherlich wird ihr Kind bei einem so ruhigen Treffen eher bereit sein seine Probleme und Sorgen kundzutun. Nur erzwingen sollten Sie nichts. In der Regel öffnen sich die Kinder nach einer Weile von selbst. Und dann können Sie gemeinsam nach passenden Lösungen und Änderungen suchen, die die Situation am Abend für alle erträglicher macht ... Gespräche wirken oft wahre Wunder. Und je regelmäßiger Sie sich Zeit nehmen und miteinander reden, desto leichter fällt es, auch schwierige, problematische Dinge anzusprechen!

✳ Wenn Ihr Kind wirklich massive Einschlafschwierigkeiten hat, sollten Sie Rücksprache mit Ihrem Kinderarzt halten und dort abklären lassen, ob körperliche Ursachen für diese Probleme auszuschließen sind! Die Tipps und Entspannungsgeschichten in diesem Buch erheben nicht den Anspruch, einen Gang zum Arzt zu ersetzen!

Mein allerschönstes Himmelbett . . .

Ideen rund ums Bett

✦ Um gut und vor allen Dingen auch gerne schlafen zu können, ist es ganz wichtig, dass Ihr Kind sich rundherum wohl fühlt. In einem Schlafanzug, der pikst und kratzt, kann man nicht gut schlafen! Denken Sie also bitte an Schlafanzüge oder Nachthemden, die bequem sind und in die sich Ihr Kind richtig »hineinkuscheln« kann.

Das Gleiche gilt für das Bettzeug. Wenn Bettwäsche ganz neu ist, kann es vorkommen, dass sie noch recht hart und ungemütlich ist. Stecken Sie sie erst in die Waschmaschine und am besten auch in den Trockner. Darin wird der Stoff immer ganz weich und kuschelig.

Hat Ihr Kind den ganzen Tag lang im Kinderzimmer herumgetobt, gespielt und Freunde zu Besuch gehabt? Dann lassen Sie vor dem Schlafengehen mal frische Luft ins Zimmer. Bei frischer Luft schläft es sich besser! Falls es im Zimmer kalt ist, geben Sie Ihrem Kind lieber eine Wärmflasche oder ein warmes Kirschkernsäckchen mit ins Bett als die Heizung hoch zu stellen. Denn wenn die Luft zu warm ist, schläft man nicht so gut.

✦ Gestalten Sie den Schlafplatz gemeinsam mit Ihrem Kind. Kann es sein, dass sich das Kind im Bett verloren vorkommt, weil das Bett zu groß und das Kind noch zu klein ist? Für viele Kinder ist es enorm wichtig, ihre Grenzen zu spüren und Kontaktpunkte zu haben. Sie können das Bett mit vielen kleinen Kissen am Rand auspolstern und somit gemütlicher und kleiner machen. Dies schafft erfahrungsgemäß die Sicherheit, die Kinder benötigen, um wirklich beruhigt schlafen zu können.

An Stelle von Kissen helfen auch Kuscheltiere jeder Art, die zudem noch einen ganz anderen Stellenwert haben als einfache Kissen. Die Kuscheltiere bewachen und beschützen das Kind . . .

Auch ein »Himmel« über dem Bett kann wahre Wunder wirken. Befestigen Sie ein Moskitonetz über dem Bett und hängen Sie eine Lichterkette hinein. Wie viele kleine Sterne leuchten die kleinen Lichter und halten Wache! Eine andere Variante: Einige Meter Stoff werden über ein etwa ein Meter breites Rundholz gehängt, das an der Zimmerdecke befestigt ist.

Auf diese Weise fühlen sich die Kinder behüteter und nach oben hin nicht so »ausgeliefert«. So ein Betthimmel, egal, in welcher Art, schafft eine große Portion Gemütlichkeit.

Viele Kinder brauchen etwas Licht im Dunkeln. Manchen Kinder reicht schon eine Steckdosen-Nachtlampe; schön sind auch die einfachen Sterne, die an die Wand geklebt werden und eine kleine Weile im Dunkeln leuchten. Es gibt sie im Buch- und Schreibwarenhandel. Für Kinder, die es heller mögen, eignen sich Lichterketten.

Oftmals hilft es schon, die Kinderzimmertür einen kleinen Spaltbreit aufzulassen, sodass ihr Kind sie noch hören kann. Babys brauchen oft sogar Geräusche im Hintergrund, um gut zu schlafen. Die »Geräuschkulisse« wirkt geradezu beruhigend!

Der Duft der Nacht . . .

Tipps zu Aromaölen

Aromaöl, was ist das überhaupt?!

Aromaöle sind Duftstoffe, die aus verschiedenen Teilen von Pflanzen gewonnen werden. Beispielsweise aus den Blütenblättern, der Rinde oder den Wurzeln. Sie beinhalten die »Seele« der Pflanzen und ihre Kraft in hoch konzentrierter Form. Sie sind daher sehr wirksam.

In der Aromatherapie werden sich besonders die Düfte zu Nutze gemacht, die man gerne riecht. Jeder Duft bzw. jedes Aromaöl hat einen ganz besonderen Nutzen. Manche Öle helfen dabei, sich wieder frisch und fit zu fühlen, es gibt Öle, die fröhlich und munter machen, Düfte, die den Appetit anregen, und Aromaöle, die beim Entspannen helfen.

Die folgenden Düfte helfen ganz besonders gut beim Entspannen und Einschlafen. Alle Öle, die hier aufgeführt sind, haben sich in der Aromatherapie mit Kindern bewährt und Kinder mögen sie.

Lassen Sie aber auf jeden Fall die Nase ihrer Kinder über den Duft entscheiden. Es hat keinen Sinn, Düfte zu verwenden, die zwar eine sehr entspannende Wirkung haben, die ihr Kind aber im wahrsten Sinne des Wortes »nicht riechen« kann!

Honig Zimt Rose
Mandarine
Vanille Lavendel
Kakao

Worauf sollten Sie beim Kauf achten?

Achten Sie unbedingt darauf, nur naturreine Öle zu benutzen, wie man sie beispielsweise in vielen Bioläden bekommt. Meist erkennen Sie schon am Preis, ob es sich um ein gutes, naturreines Öl handelt. Denn solche naturreinen Öle haben je nach Sorte einen anderen Preis, weil je nach Duft eine unterschiedlich große Menge an Pflanzenteilen benötigt wird.

Wie wende ich ein Duftöl überhaupt an?

Die Duftlampe
Aromaöle kann man ganz unterschiedlich anwenden. Die Duftlampe ist eine sehr beliebte und bekannte Art, mit solchen Ölen umzugehen. Ach-

ten Sie darauf, dass die Duftlampe möglichst hoch ist und das Wasser, in das Sie einige Tropfen Aromaöl geträufelt haben, nicht zu heiß wird. Sonst verbrennt das Öl und wird unwirksam!

Duftendes Tuch

Sie können aber auch ein feuchtes Baumwolltuch mit einem Aromaöl beträufeln und auf die Heizung legen. Durch die Wärme verteilt sich der Duft im ganzen Zimmer.

Wohltuende, pflegende Massage

Besonders gut tut es auch, die Haut mit einem selbst hergestellten Massageöl zu massieren. Dazu rührt man fünf Tropfen Duftöl in einfaches Sonnenblumenöl und verwahrt dies in einem lichtgeschützten, luftdichten Behälter. Durch die Massage wird das Öl nicht nur durch die Nase, sondern auch über die Haut aufgenommen, was die Wirkung zusätzlich unterstützt! Außerdem tut eine Massage vor dem Zubettgehen ganz besonders gut und wirkt sehr beruhigend auf Körper und Seele!

Entspannendes, beruhigendes Bad

Schön ist auch ein entspannendes Duftbad in der Badewanne. Dazu braucht man einen Becher Sahne und träufelt maximal fünf Tropfen eines Aromaöls hinein. Die Sahne sorgt dafür, dass sich das Öl mit dem Badewasser vermischt, und hält außerdem die Haut geschmeidig! So ein Duftbad ist herrlich und man kann dabei wirklich ganz wunderbar entspannen!

Kannst du die Sterne hören?

Wie Musik beim Schlafen helfen kann

Die Wirkung von Musik ist ganz enorm. Was wäre ein Fernseh-Krimi ohne passende »Gänsehaut«-Musik, die die Spannung steigen lässt? Oder ein Liebesfilm ohne die tollen Songs, die einem die Tränen in die Augen treiben? Natürlich können Sie sich Musik auch zu Nutze machen, wenn Ihr Kind Einschlaf-Schwierigkeiten hat. Es gibt schöne Instrumentalmusik, die helfen kann abzuschalten, den Stress und die Sorgen des Alltags zu vergessen und wunderbar zu entspannen.

Es gibt auch ganz spezielle Entspannungsmusik für Kinder und meditative Musik zum Einschlafen – viele Kinder mögen auch klassische Musik, beispielsweise von Mozart.
Wenn Ihr Kind es sich im Bett gemütlich gemacht hat, stellen Sie die Musik an. Aber wirklich nur ganz leise! Lassen Sie Ihr Kind seine Augen schließen und den zarten Klängen der Musik lauschen.

Die Autorin

Sabine Seyffert ist staatlich anerkannte Erzieherin, Entspannungspädagogin und psychologische Beraterin sowie Autorin zahlreicher Publikationen. Sie lebt mit ihrer Familie in Wuppertal und ist seit vielen Jahren freiberuflich in eigener Praxis tätig. Außer Entspannungskursen für Kinder, Jugendliche und Erwachsene führt sie regelmäßig Fortbildungsseminare für Pädagoginnen und Pädagogen im Bereich der Entspannungsarbeit mit Kindern durch sowie Infoabende und Veranstaltungen zu ihren Buchpublikationen.
Seit 1999 bietet Sabine Seyffert sehr erfolgreich auch eine berufsbegleitende Ausbildung zum Entspannungspädagogen für Kinder an.

Wer Interesse an Veranstaltungen, Kursen, Fortbildungsseminaren und der Ausbildung zum Entspannungspädagogen für Kinder hat oder wer von seinen Erfahrungen mit diesem Buch berichten möchte, kann sich gerne schriftlich an folgende Anschrift wenden. Bitte legen Sie Ihrem Schreiben einen als Großbrief frankierten Rückumschlag in DIN A5 bei:

Praxis für Entspannungspädagogik & Kreativität
z. Hd. V. Sabine Seyffert
Postfach 11 05 23
42305 Wuppertal
www.sabine-seyffert.de